新学習指導要領対応

小学6年生

学校でも、家庭でも
教科書レベルの力がつく!

読解習熟プリント

大判サイズ
コピーしやすい!

宮崎 彰嗣 著

これなら
できた!

清風堂書店

はじめに

読解が苦手な子どもは、文章を読むことが苦手という場合がほとんどです。そこで本書は、「なんだか面白そう」「ちょっと読んでみよう」と思える内容を目指しました。

もし一回読んで悩んでいるようでしたら、もう一度文章を読んでみるよう声をかけてあげてください。答えのほとんどは、その中にあります。読むことがゴールへの近道なのです。

各学年で特に重要な項目は、低学年は「だれが」「どうした」という文の組み立ての基本。中学年は「つなぎ言葉」「こそあど言葉」など、文と文の関係や、段落の役割。高学年は「理由」「要約・主張」など、文章全体をとらえることです。

これらの項目の内容が無理なく身につくよう、易しい基礎問題から始め、つまずきやすいポイントは解説つきにしています。また、「読解に自信がある」という人も、まとめ問題でさらに自信を深めていけるようにしました。

本書が活用され、読解問題に楽しんで取り組む子どもが増えていくことを願います。

★改訂で、さらにわかりやすく・使いやすくなりました！

変わらない特長

- ○通常より細かなスモールステップで「わかる」！
- ○大事なところはくり返し練習で「わかる」「できる」！
- ○教科書レベルの力が身につく！

新しい特長

- ○学習項目ごとに、チェック→ワーク→おさらいの「3ステップ」。読解力の土台をつくる！
- ○より実践的な「まとめ問題」で応用力がつく！
- ○答えに「ワンポイントアドバイス」つき
- ○読みやすくわかりやすい「太めの手書き風文字」

使い方

タイトルの学習項目の内容を中心に出題しています。

チェック

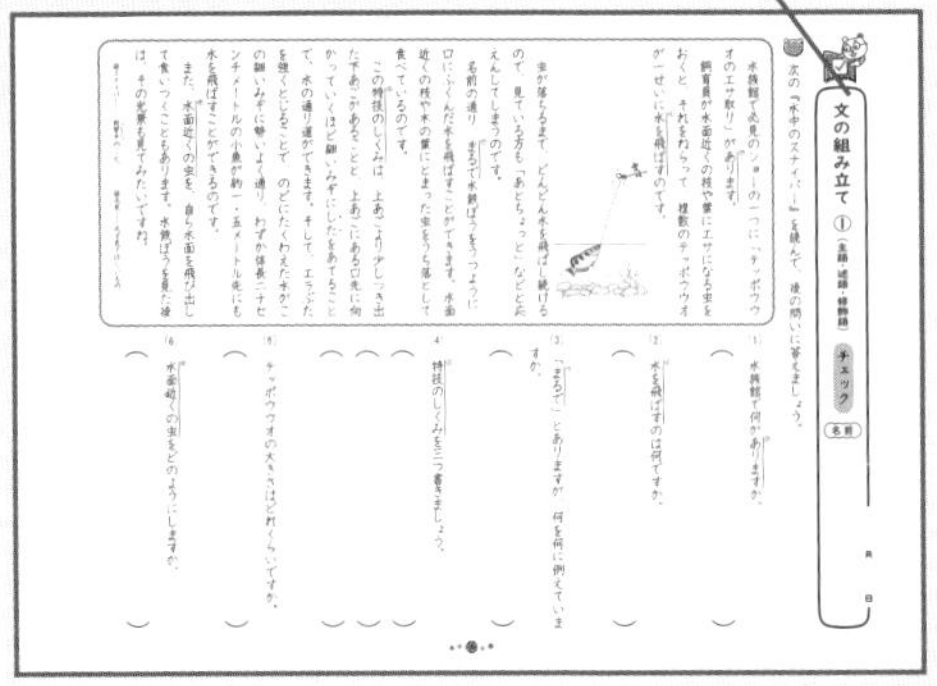

まずはうでだめし。問題を解いてみることで、自分の力をチェックできます。

ワーク

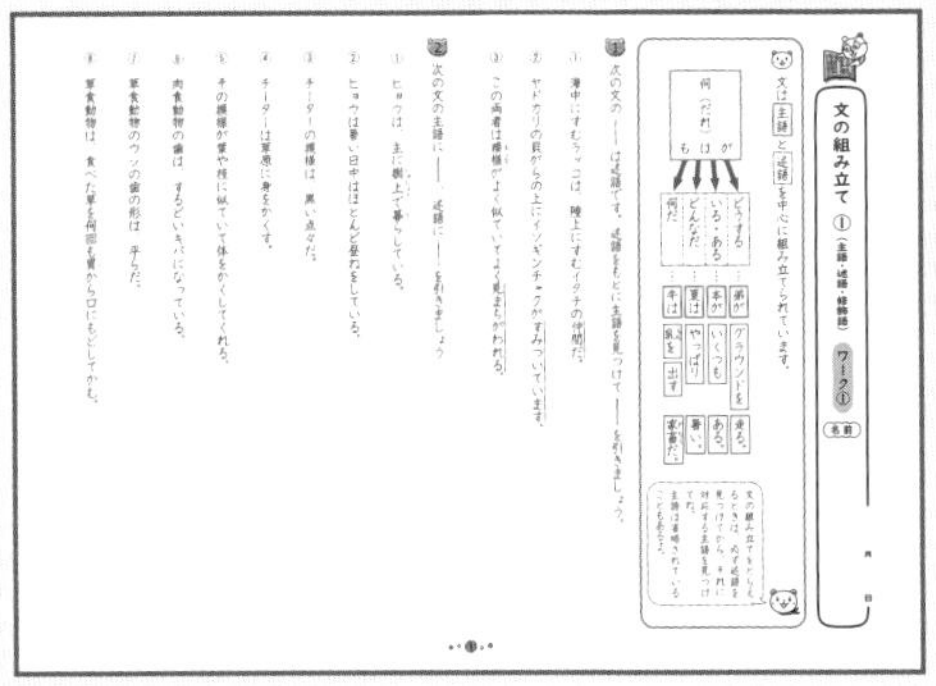

ワークの練習問題や解説で、理解が深まります。

おさらい

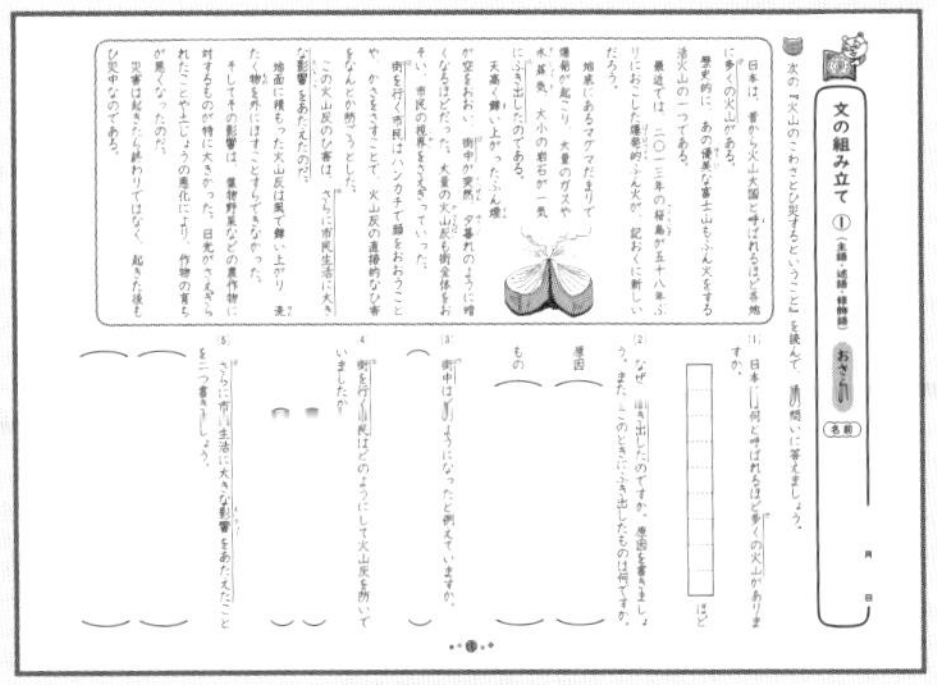

おさらいで、学んだ項目のしあげができます。

3ステップをくりかえすことで、読解力の基礎が身につく！

まとめ問題

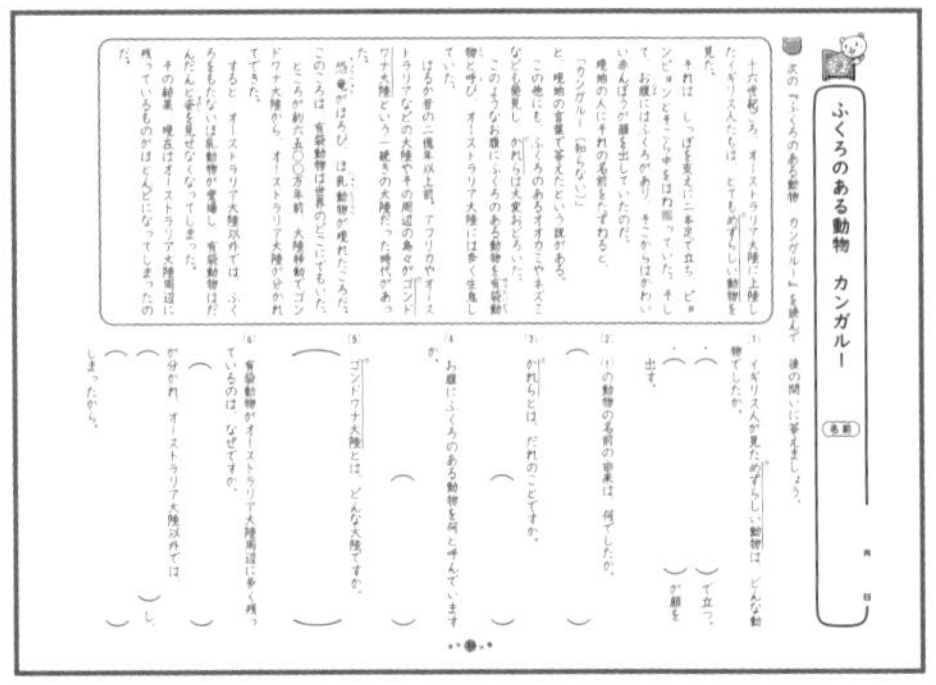

まとめ問題でさらに実践力がつきます。

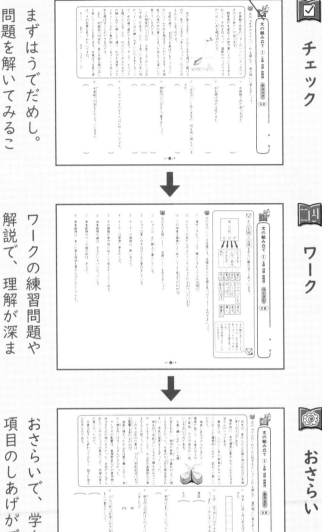

読解習熟プリント六年生　もくじ

きそ問題

まとめ問題

文の組み立て①（主語・述語・修飾語）

チェック

名前　　　　月　　日

次の『水中のスナイパー』を読んで、後の問いに答えましょう。

水族館で必見のショーの一つに「テッポウウオのエサ取り」が㋐あります。

飼育員が水面近くの枝や葉にエサになる虫をおくと、それをねらって、複数のテッポウウオが一せいに㋑水を飛ばすのです。

虫が落ちるまで、どんどん水を飛ばし続けるので、見ている方も「あとちょっと」などと応えんしてしまうのです。

名前の通り、㋒まるで水鉄ぽうをうつように、口にふくんだ水を飛ばすことができます。水面近くの枝や木の葉にとまった虫をうち落として食べているのです。

この㋓特技のしくみは、上あごより少しつき出た下あごがあることと、上あごにある口先に向かう細いみぞにしたをあてることで、水の通り道ができます。そして、エラぶたを強くとじることで、のどにたくわえた水がこの細いみぞに勢いよく通り、わずか体長二十センチメートルの小魚が約一・五メートル先にも水を飛ばすことができるのです。

また、㋔水面近くの虫を、自ら水面を飛び出して食いつくこともあります。水鉄ぽうを見た後は、その光景も見てみたいですね。

※スナイパー……射撃手《しゃげきしゅ》のこと。
※必見……必ず見てほしいもの。

(1) 水族館で何が㋐ありますか。

（　　　　）

(2) ㋑水を飛ばすのは何ですか。

（　　　　）

(3) 「㋒まるで」とありますが、何を何に例えていますか。

（　　　　）

(4) ㋓特技のしくみを三つ書きましょう。

（　　　　）
（　　　　）
（　　　　）

(5) テッポウウオの大きさはどれくらいですか。

（　　　　）

(6) ㋔水面近くの虫をどのようにしますか。

（　　　　）

文の組み立て①（主語・述語・修飾語）

ワーク①

名前

月　日

文は［主語］と［述語］を中心に組み立てられています。

何（だれ）　が　は　も

↓

どうする	いる・ある	どんなだ	何だ
弟が	本が	夏は	牛は
グラウンドを	いくつも	やっぱり	乳《ちち》を　出す
走る。	ある。	暑い。	家畜《かちく》だ。

文の組み立てをとらえるときは、必ず述語を見つけてから、それに対応する主語を見つけてね。
主語は省略されていることもあるよ。

1 次の文の――は述語です。述語をもとに主語を見つけて――を引きましょう。

① 海中にすむラッコは、陸上にすむイタチの仲間だ。

② ヤドカリの貝がらの上にイソギンチャクがすみついています。

③ この両者は模様《もよう》がよく似ていてよく見まちがわれる。

2 次の文の主語に＝＝、述語に――を引きましょう。

① ヒョウは、主に樹上《じゅじょう》で暮《く》らしている。

② ヒョウは暑い日中はほとんど昼ねをしている。

③ チーターの模様は、黒い点々だ。

④ チーターは草原に身をかくす。

⑤ その模様が葉や枝に似ていて体をかくしてくれる。

⑥ 肉食動物の歯は、するどいキバになっている。

⑦ 草食動物のウシの歯の形は、平らだ。

⑧ 草食動物は、食べた草を何回も胃《い》から口にもどしてかむ。

文の組み立て ①（主語・述語・修飾語）

ワーク②

名前

月　日

次の文の□は修飾語《しゅうしょくご》です。修飾語とは、主語・述語や他の修飾語をくわしくする言葉です。

わたしは　明日、　お姉さんと　チューリップの　球根を　花だんに　植える。

〈いつ？〉　わたしは　明日　植える。

〈何を？〉　わたしは　球根を　植える。

〈どこで？〉　わたしは　花だんに　植える。

〈だれと？〉　わたしは　お姉さんと　植える。

文を詳しくする修飾語には、他にも「どのように」「どんな」などいくつもあります。

1 次の文で【　】のことをくわしくしている言葉に〰〰を書きましょう。

① 弟は　日曜日に　サッカーを　習っている。　【何を（目的）習っているか】

② セミが　一本の　柿《かき》の木に　とまった。　【どこに（場所）とまったか】

③ 兄は　筆で　絵を　かきました。　【何で（道具）かきましたか】

2 〰〰を引いた修飾語がくわしくしている言葉を□に書きましょう。

① 空に　白い　雲が　うかんでいた。

② 母は　パンに　バターを　ぬった。

③ 昨日、　私は　おいしい　ステーキを　食べた。

3 **2**の①と②の文をそれぞれ図に表しましょう。

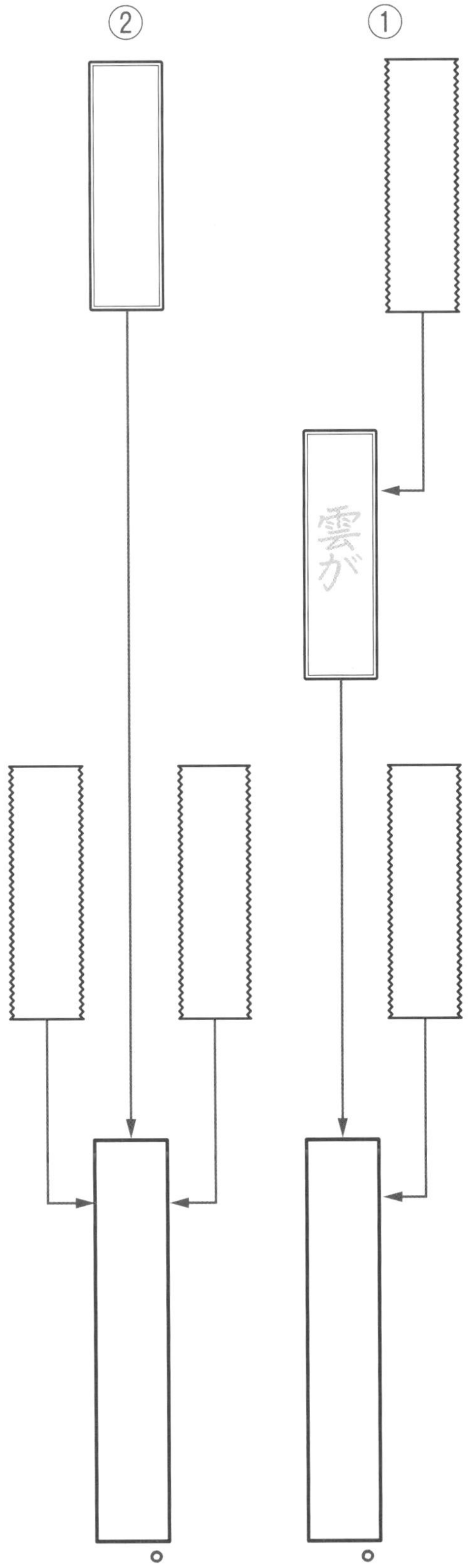

文の組み立て ①（主語・述語・修飾語）おさらい

名前

月　日

次の『火山のこわさとひ災するということ』を読んで、後の問いに答えましょう。

日本は、昔から火山大国と呼《よ》ばれるほど各地に㋐多くの火山がある。

歴史的に、あの優美《ゆうび》な富士山もふん火をする活火山の一つである。

最近では、二〇一三年の桜島《さくらじま》が五十八年ぶりにおこした爆発的《ばくはつてき》ふん火が、記おくに新しいだろう。

地底にあるマグマだまりで爆発が起こり、大量のガスや水蒸気《すいじょうき》、大小の岩石が一気に㋑ふき出したのである。

天高く舞《ま》い上がったふん煙《えん》が空をおおい、㋒街中が突然《とつぜん》、夕暮《ゆうぐ》れのように暗くなるほどだった。大量の火山灰《かざんばい》も街全体をおおい、市民の視界《しかい》をさえぎっていった。

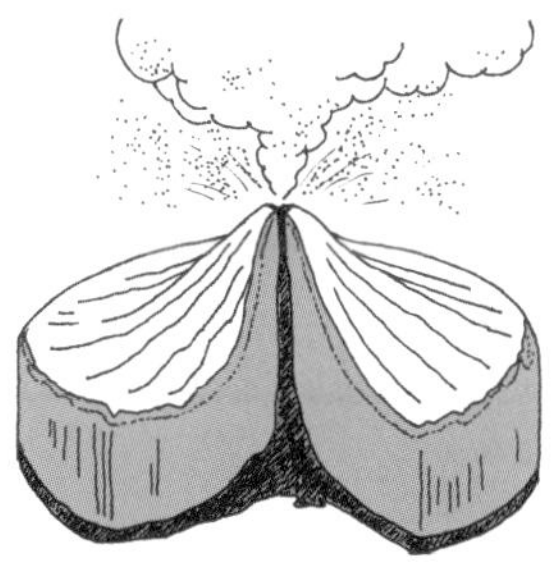

㋓街を行く市民はハンカチで顔をおおうことや、かさをさすことで、火山灰の直接的なひ害をなんとか防ごうとした。

この火山灰のひ害は、㋔さらに市民生活に大きな影響《えいきょう》をあたえたのだ。

地面に積もった火山灰は風で舞い上がり、洗《せん》たく物《もの》を外にほすことすらできなかった。

そしてその影響は、葉物野菜などの農作物に対するものが特に大きかった。日光がさえぎられたことや土じょうの悪化により、作物の育ちが悪くなったのだ。

災害は起きたら終わりではなく、起きた後もひ災中なのである。

(1) 日本には何と呼ばれるほど㋐多くの火山がありますか。

（　　　　　　　　）ほど

(2) なぜ、㋑ふき出したのですか。原因を書きましょう。また、このときにふき出したものは何ですか。

原因（　　　　　　　　）

もの（　　　　　　　　）

(3) ㋒街中はどのようになったと例えていますか。

（　　　　　　　　）

(4) ㋓街を行く市民はどのようにして火山灰を防いでいましたか。

（　　　　）

（　　　　）

(5) ㋔さらに市民生活に大きな影響《えいきょう》をあたえたことを二つ書きましょう。

（　　　　　　　　）

（　　　　　　　　）

文の組み立て ②（まとまった修飾語）

チェック

名前

月　日

次の『こん虫の保護色と擬態《ぎたい》』を読んで、後の問いに答えましょう。

地球上には、さまざまな生物が生きており、種類も数も一番多いのがこん虫だ。そして、多くのこん虫がより強いこん虫や動物に㋐ねらわれているとも言える。そこでこん虫は、いろいろな方法で身を守ることを覚えた。

その一つが、保護色である。㋑こん虫の体の色が、すむ場所の色によく似ていることに気づいているだろうか。

草むらのこん虫は緑色をし、㋒草の少ない川原では、まわりの石や砂《すな》によく似た色をしているのだ。

㋓トノサマバッタなどは、草むらから土の上へ移動すると、その場で体の色を緑色から土色に変化させる。

二つめに、擬態《ぎたい》がある。

これは、色だけでなく、体の形から模様《もよう》、姿勢《しせい》までまわりに「なる」ことだ。

㋔ナナフシは、体の形からして木の枝のような姿《すがた》だが、ぴったりと枝にはりつくことで枝に「なる」。

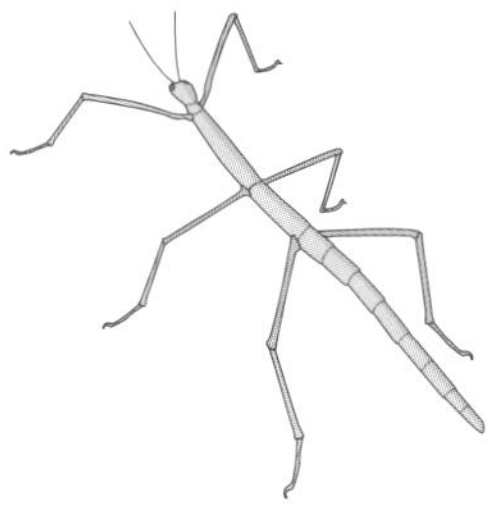

ガも羽の模様が木の皮のがらに「なる」ようにしているのだ。

一方でこのような力を、身を守るためでなく、え物をつかまえるためにつかっているこん虫もいる。たとえば、カマキリやクモは、まわりの色にかくれてえ物の目をごまかして、近づいたえ物をつかまえている。

㋕どちらも、自分が生きるための方法だ。

(1) 多くのこん虫は何に㋐ねらわれているのですか。

（　　　　）

(2) ㋑こん虫の体の色は何によく似ていますか。

（　　　　）

(3) ㋒草の少ない川原では、こん虫の体の色はどんな色をしていますか。

（　　　　）

(4) ㋓トノサマバッタは、どうすると何色から何色に変わりますか。

（　　　　）すると、（　　　　）から（　　　　）に変わる。

(5) ㋔ナナフシは、どのようにして枝になりますか。

（　　　　）

(6) ㋕どちらもとは、何のことですか。文中の言葉で書きましょう。

まわりにかくれて自分の［　　　　］こと。

え物の目を［　　　　］つかまえること。

文の組み立て②（まとまった修飾語）

ワーク①

名前

月　日

修飾する言葉には、大きくまとまった修飾語もあります。

Ⓐ
緑の草むらにすむ → こん虫は、
緑色を → しています。

Ⓐ 主語を修飾する大きなまとまりがある文

Ⓑ
テッポウウオは、
水を虫に飛ばして → 落とします。

Ⓑ 述語を修飾する大きなまとまりがある文

Ⓒ
軸《じく》にお皿のついた → けん玉は、
日本で生まれた → ものです。

Ⓒ 主語も述語も修飾する大きなまとまりがある文

次の文を文図に表しましょう。

① 空のスピード王であるハヤブサのオスは、カラスよりも小さい。

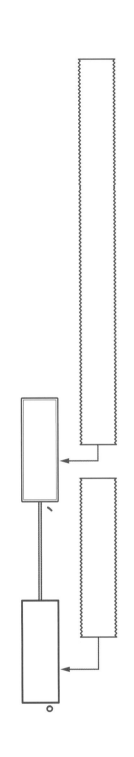

② 赤ちゃんを育てるふくろは、コアラのおなかにあります。

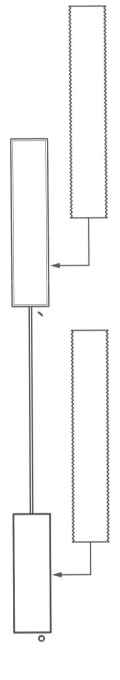

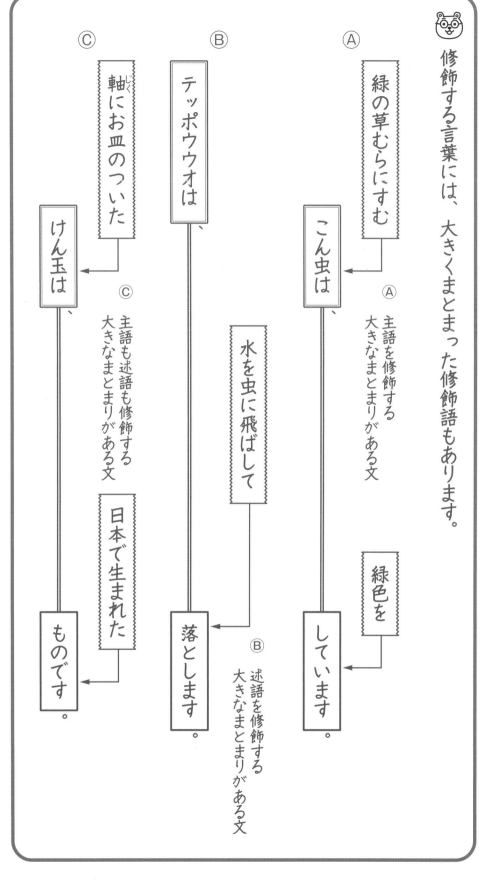

文の組み立て ②（まとまった修飾語）

ワーク②

名前

月　日

1 次の文を文図に表しましょう。

① 茶色いスポンジのようなものが、かれたくきにくっついている。

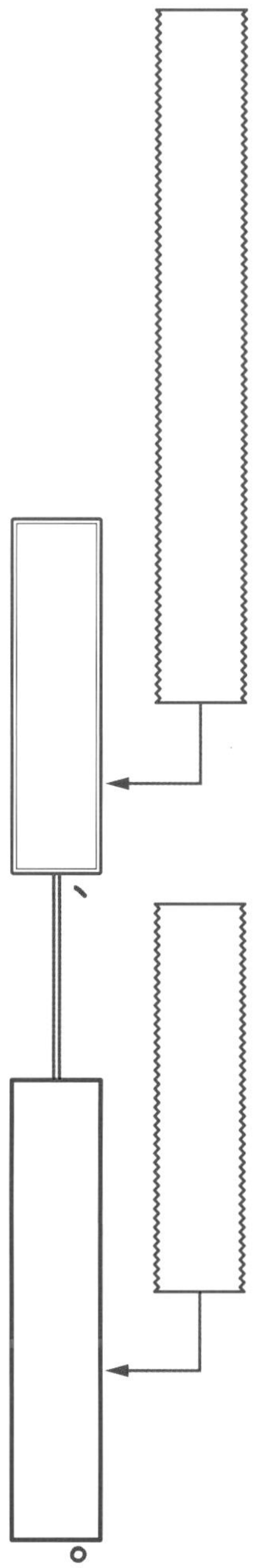

② 数々の兵士を助けたナイチンゲールは、白衣の天使と呼ばれた。

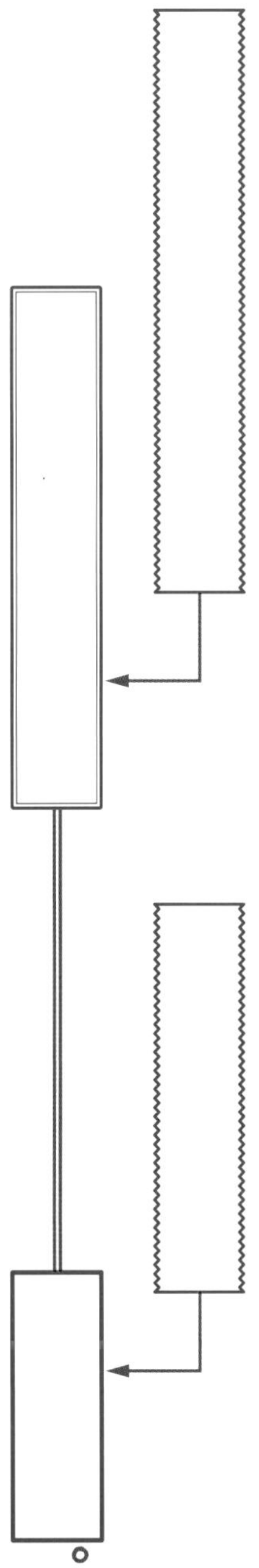

2 次の文の中心になる主語に═、述語に―、大きくまとまった修飾語《しゅうしょくご》に〜〜〜を引きましょう。
また、それがどの語句を修飾するか、┐で示しましょう。

① ゴミのペットボトルから生まれたかけらが、色々な製品の原料になる。

② 貝がらに入っているヤドカリの体は、とてもやわらかい。

③ 空を飛ぶコウモリは、ネコの遠い親せきだ。

④ 船を出してほしいコロンブスは、女王に熱心に説明した。

文の組み立て②（まとまった修飾語）

ワーク③

名前

月　日

文の要点は、中心になる主語・述語と、それをくわしくする重要な修飾語《しゅうしょくご》をおさえてまとめます。

①まず述語から見つけよう。文末にあることが多いよ。

②述語の次に主語を見つけよう。

③「何」があるとよくわかる文になるね！

④「どんな」

コアラには、赤ちゃんを育てる　ふくろが、　あります。

次の『コアラの赤ちゃん』のⒶ～Ⓔの文を読んで、それぞれの文の主語に═══、述語に───を引き、重要な修飾語を考えてそれらを元に、文を短くまとめましょう。

Ⓐ 小指より小さい大きさで生まれたばかりのコアラは、すぐにお母さんのお腹のふくろまではい上がります。

Ⓑ 赤ちゃんは、ふくろの中でお乳《ちち》を飲んで、少し大きくなると、ふくろからかわいい顔を出します。

Ⓒ 赤ちゃんがさらに大きくなると、ふくろから出て背中《せなか》におんぶされます。

Ⓓ コアラは、ユーカリの葉だけを食べるので、ほとんどユーカリの木の上で暮《く》らします。

Ⓔ そのため、赤ちゃんの手や足も、木の枝をしっかりとつかめるように、つめのついた五本の指があります。

Ⓐ 生まれたばかりのコアラは、（　　　　）はい上がります。

Ⓑ 赤ちゃんは、（　　　　）と、（　　　　）を出します。

Ⓒ 赤ちゃんが（　　　　）におんぶされます。

Ⓓ コアラは、（　　　　）暮らします。

Ⓔ 赤ちゃんの（　　　　）、（　　　　）指があります。

文の組み立て ②（まとまった修飾語）

おさらい

名前

月　日

次の『脳《のう》を活性化するけん玉』を読んで、後の問いに答えましょう。

けん玉のような遊びは世界中にあり、Ⓐ十六世紀にはフランス国王が楽しんでいたという記録もあります。

現在、日本で使われている軸《じく》に三つの皿がついたけん玉の原型㋐は、大正時代に日本で生まれたものです。

そして、一九七五年に一大ブームとなり、㋑日本けん玉協会が競技用のけん玉の開発と、ルールを開発しました。

今では級《きゅう》・段位認定試験《だんいにんていしけん》や競技大会が行われるほどです。

けん玉の技には「皿系」「止《と》めけん系」「飛行機系」「もし亀《かめ》系」などたくさんの種類㋒があります。中でも、「もしもし亀よ、亀さんよ」と歌いながら三つの皿でリズムよく受け続ける「もし亀」が一番有名でしょうか。

一つの技ができると向上心がわき、次の技をどんどん目指したくなるのがこの遊びのよいところだそうです。

それに手先や頭を使うので、㋓脳の活性化につながるというのです。

Ⓑ遊びながら集中力を養える、どこでもできる、一人でも大人数でも遊べるなど、魅力的《みりょくてき》なことばかりです。

ルールが簡単《かんたん》で楽しいけん玉。一度遊んでみませんか。

(1) Ⓐの文から言葉を抜き出して、文図にしましょう。

［　　　］が　［　　　］いたという → ［　　　］ → ［　　　］。

(2) この原型㋐とは、どんな形ですか。

［　　　　　　　　　　］形

(3) 一九七五年に日本けん玉協会㋑がしたことは何ですか。

（　　　　　　）
（　　　　　　）

(4) 技の種類㋒を四つ書きましょう。

（　　　）（　　　）
（　　　）（　　　）

(5) なぜ脳の活性化㋓につながるといわれていますか。

（　　　　　　）から。

(6) Ⓑの三つの特長が書かれた文の主語は、書かれていませんが何ですか。

（　　　　　　）

主・述が複数ある文の組み立て

チェック

名前

月　日

次の『ラクダは「砂《さ》ばくの船」』を読んで、後の問いに答えましょう。

　ラクダは、背中《せなか》にこぶのある動物で、主に砂ばく地帯のような水の少ないかんそうした土地に㋐適応した動物である。

　では、どのように適応したのだろうか。

　まずは、背中のこぶである。

Ⓐラクダは水を飲まずに数日間たえられるので、「背中のこぶに水をたくわえている」と思っている人が多い。

　が、実際はしぼうがつまっていて、これが炎天《えんてん》下《か》の日光をさえぎり、体温の上昇《じょうしょう》を防いでくれている。

　このこぶは、産まれたてのラクダにはなく、成長するにつれて背中に㋑しぼうがたくわえられていくのだ。

　では、水分がたくわえられている場所はどこだろうか。かれらは、Ⓑ一度に水を八十リットル以上も飲むことができる。この水を血液に閉《と》じこめてたくわえているのだ。

　また、㋒砂《すな》あらしから身を守るため、鼻のあなは閉じることができ、目には長くてしっかりしたブラシのようなまつげがある。

　ひざが大変ぶ厚くなっており、熱く焼けた砂地でも、長時間休むことができる。

　砂ばくに適応し、たくさんの荷物を運んでくれるラクダ。この地にいなくてはならない存在《そんざい》で、㋓「砂ばくの船」と呼《よ》ばれている。

(1) ラクダはどんな土地に㋐適応した動物ですか。

(2) Ⓐの文を二文に分けましょう。

(3) この㋑しぼうには、どんな働きがありますか。

(4) 何が主語にあたるかを考えて、Ⓑの二文を一文にまとめましょう。

(5) ㋒砂あらしから身を守るためにある顔の特ちょうを二つ書きましょう。

(6) ㋓「砂ばくの船」と呼ばれているのはなぜですか。理由を書きましょう。

主・述が複数ある文の組み立て

ワーク①

名前

月　日

文には、主語と述語が一組ある文と、主語と述語が二組以上ある文があります。

〈主語と述語が一組〉

秋が　深まってきた。

木の葉が　黄色く　なった。

〈主語と述語が二組以上〉

Ⓐ…秋が　深まって、木の葉が　黄色く　なった。

Ⓐ主語・述語の入った文が、後の文を修飾。

Ⓑ…ぼくが　作った　オムレツは　少しあまかった。

Ⓑ主語・述語の入った文が、主語を修飾。

Ⓒ…わたしは、父が仕事をしているのを　見ていた。

Ⓒ主語・述語の入った文が、述語を修飾。

Ⓓ…兄が、父が　買ってきた　テレビを　見ていた。

Ⓓ主語・述語の入った文が、修飾語を修飾。

次の文図の□の中の主語に＝＝、述語に――を引き、その文がどの部分を修飾しているか考えましょう。そして、（　）に右の例のⒶ～Ⓓのどれにあたるかを書きましょう。

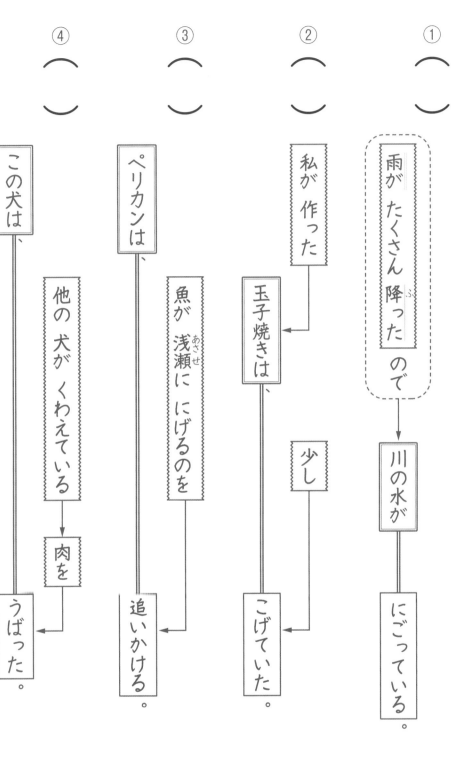

①（　）

雨が　たくさん　降《ふ》った　ので

川の水が

にごっている。

②（　）

私が　作った

玉子焼きは、

少し

こげていた。

③（　）

ペリカンは、

魚が　浅瀬《あさせ》に　にげるのを

追いかける。

④（　）

この犬は、

他の　犬が　くわえている

肉を

うばった。

主・述が複数ある文の組み立て

ワーク②

名前

月　日

主語と述語が二組以上ある文を文図にすることで、文の関係がわかります。

〈手順〉

① 述語を見つけて線を引き、それに対応する主語にも線を引く。
② 主語や述語が複数あるときは、文の中心になる主語・述語を見つける。
③ どの言葉（文）がどの言葉（文）を修飾《しゅうしょく》するか、矢印を引いて確認《かくにん》する。

次の文の主語に═、述語に―、修飾語に～～を引いてから文図に表しましょう。

① 琵琶《びわ》という楽器は聖武天皇《しょうむてんのう》が建てた正倉院にある。

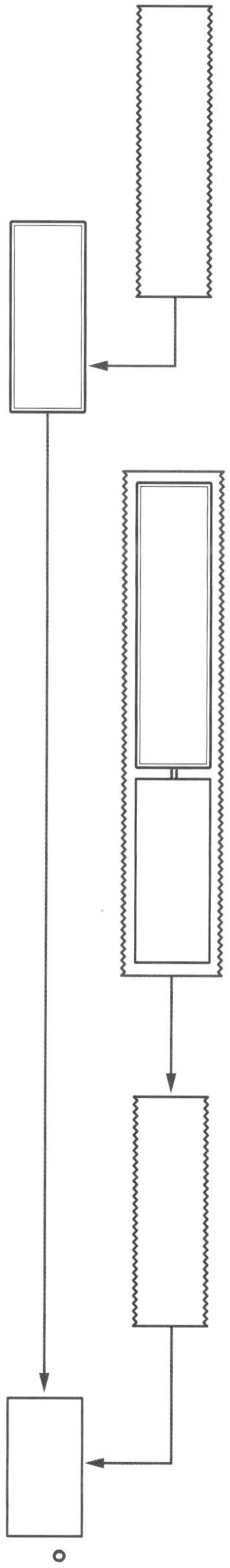

② お日様がすっかりしずんだのに、弟はまだ帰って来ない。

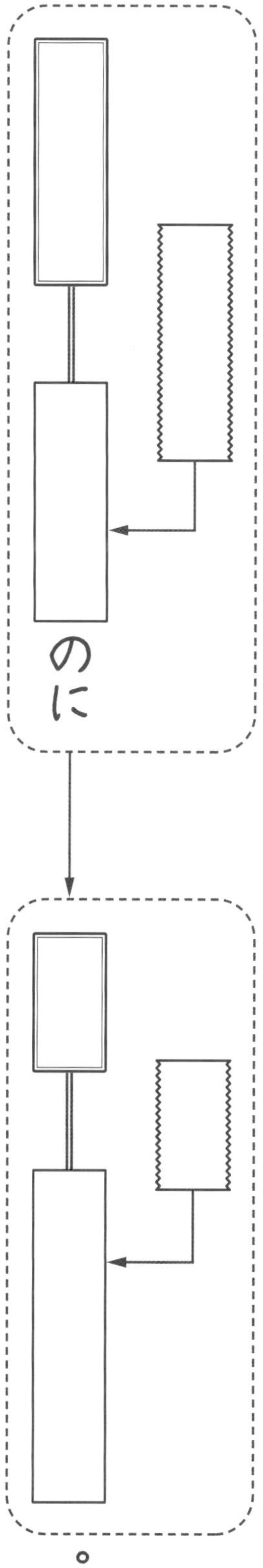

③ くぼみの底にいるアリジゴクは、アリが落ちてくるのをまっている。

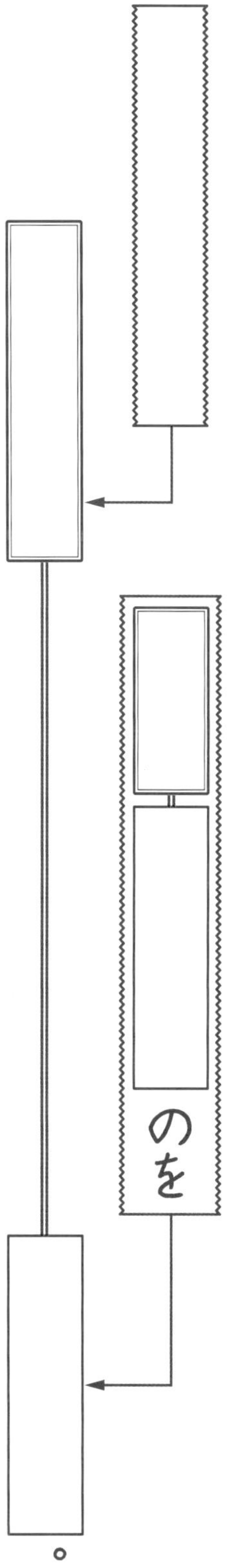

④ ニホンザルは、長かったおが短くなったオナガザルだ。

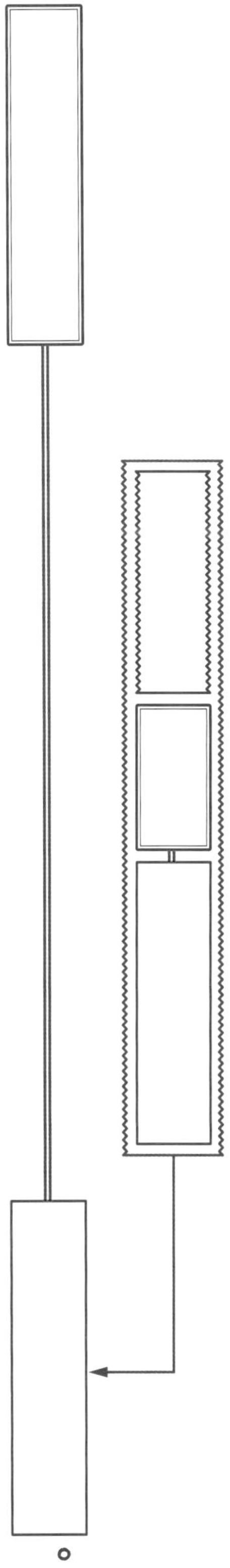

主・述が複数ある文の組み立て

おさらい

名前

月　日

次の『大空を切りさくスピードハンター』を読んで、後の問いに答えましょう。


　ハヤブサは、狩《か》りが得意な鳥で、主に海岸の断がいにすみ、海上の小鳥をつかまえている。

　この鳥のかぎ形のくちばしや、するどいツメ。これらは、㋐もうきん類とよばれる鳥の大きな特ちょうだ。

　だが、この鳥の特筆すべき特ちょうといえば、やはりそのスピードであろう。

　Ⓐハヤブサの大きさは、カラスよりやや小さい。Ⓑしかし、その体の二倍以上もの長さをほこる、先のとがったつばさをもっている。このつばさが、自然界でも群をぬくスピードを実現しているのだ。

　一度《ひとたび》え物を見つければ、まず大空高く舞《ま》い上がり、そこからえ物に向けて、つばさを閉《と》じながら真っ逆さまに急降下《きゅうこうか》していく。その速度は、Ⓒ最高時速四百キロメートルにも達すると言われる。その速さで体当たりし、足指の向かいあうするどいツメで、え物の首辺りを正確におさえこむのだ。

　この狩りの上手《うま》さには㋑二つの秘密《ひみつ》がある。

　まずは、体の重さだ。

　すごいスピードで自分より大きなえ物に体当たりするので、当たり負けないように体重が見た目の印象よりも重くなっている。

　つぎに、目の下の黒く細い模様《もよう》だ。

　これがあることで、海面がまぶしくても、十キロメートル先のえ物をも見分けることができるのである。

　これらの特ちょうが、ハヤブサをスピードハンターにしている。

※もうきん類……肉食で、主にするどいくちばしとツメをもっている鳥。

(1) ハヤブサは、どんなところにすんでいますか。

（　　　）

(2) ㋐もうきん類の特ちょうはなんですか。

（　　　）

（　　　）

(3) ⒶとⒷの文を、一文にまとめましょう。

（　　　）

(4) どのようにしてⒸの速度を出していますか。二文に分けて答えましょう。

まず（　　　）。

そこから（　　　）。

(5) ㋑二つの秘密を（　）に、その働きを［　］に書きましょう。

・一つめの秘密（　　　）

［　　　］

・二つめの秘密（　　　）

［　　　］

名前　　月　　日

次の『植物が虫を食べる?』を読んで、後の問いに答えましょう。

ご存《ぞん》じの通り植物はふつう、日光や水、二酸化炭素を使って光合成をして、デンプンという栄養素を作って生きています。

ところが、中にはハエなどの虫や小さなカエル、カタツムリなどの動物まで食べてしまう植物があります。

では、移動もできない植物が、どうやってえ物をつかまえて食べているのでしょうか。

ウツボカズラという食虫植物があります。㋐その変わった形から、観葉植物として多くの人に人気があります。

この植物は、体全体がツルでできていて、まわりの植物などに巻《ま》きついて高くのびていきます。

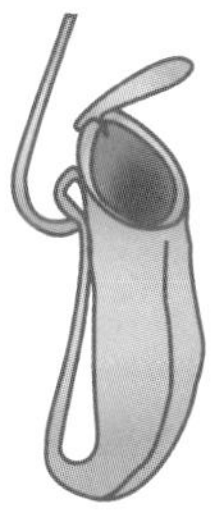

変わっているのが、㋑その葉先に虫などをつかまえるふくろがついていることです。それは、つぼのような、ラッパのような形をしています。そこに、あまいにおいで虫たちをさそうのです。特にふくろの口や内側がツルツルとすべりやすく、虫が足をすべらせてふくろの中に落ちるという㋒簡単《かんたん》なしくみです。

落ちた先には虫をとかす液体が入っていて、㋓それが虫を栄養に変えてしまいます。まるで、人間の胃《い》ぶくろのようなふくろなのです。

このウツボカズラの花言葉は「あまいワナ」です。

(1) 文中の言葉を使って、次の文の空らんをうめましょう。

ふつう、植物は［　　　　］生きている。
ところが、［　　　　］を［　　　　］しまう植物がある。

(2) ㋐その変わった形とはどんな形ですか。

［　　　　］ような、［　　　　］ような形。

(3) ㋑その葉先とは、何ですか。

［　　　　］の［　　］の葉先

(4) ㋒簡単なしくみとは、どんなしくみですか。

［　　　　　　　　］、ふくろの中に落ちるしくみ。

(5) ㋓それとは何のことですか。あてはまる記号を（　）に書きましょう。

Ⓐふくろ　Ⓑ虫　Ⓒ液体　（　　）

(6) ㋓が入ったふくろを何にたとえていますか。

（　　　　）

指示語

ワーク①

名前

月　日

指示語は、文章でくり返される言葉や文を言いかえて読みやすくする言葉です。

〈読み取り方〉

㋐ 指示語の指す内容は、多くの場合その語より前に書かれている。

㋑ 指示語は、単語から、複数のまとまった語句、文、段落《だんらく》全体を指す。

㋒ 指示語が指していそうな言葉をその文にあてはめて読んでみるとわかる。
語句や文の場合は、文末表現も変えてみるとわかりやすい。

〈例〉「〜こと、〜た、〜の」など

	ⓒ	ⓢ	ⓐ	ⓓ
物事	これ この	それ その	あれ あの	どれ どの
場所	ここ	そこ	あそこ	どこ
方向	こちら こっち	そちら そっち	あちら あっち	どちら どっち
様子	こんな こう	そんな そう	あんな ああ	どんな どう

ⓒ→話し手の近くにあるものを指す。
ⓢ→聞き手の近くにあるものを指す。
ⓐ→話し手からも聞き手からも遠くのものを指す。
ⓓ→指すものがはっきりしない。

次の文の指示語は、何を指していますか。文中からあてはまりそうな言葉を探して、指示語にあてはめて確かめましょう。

① 葉の先に虫などをつかまえるふくろがついています。[それ]は、つぼのような形をしている。

□□□

② ふくろの中には液体が入っていて、[それ]が入りこんだ虫をとかして栄養にする。

□□

③ ラクダの背中《せなか》のこぶには、しぼうがたくわえられている。[この]しぼうは、日光の熱をさえぎる働きをする。

□□□□□

④ みんなで魚を浅瀬《あさせ》に追いこみます。[この]とき、ふくろがついた下くちばしが役に立ちます。

魚を□□□□□□□とき

指示語

ワーク②

名前

月　日

指し示すものが単語でなく、文や段落《だんらく》の場合でも、指示語に予想した文をあてはめてみましょう。うまく文が続かないときは文末を変えてみましょう。

1 次の『走れ、牛フンバス！』を読んで問いに答えましょう。

元々物価の安いインドに現れた、さらに運賃《うんちん》の安いあのバスの秘密《ひみつ》を解き明かす。

（ア）[この国]は、国民全員が牛を大切にする国で、いたるところに牛がいて、牛フンもいくらでもある。

そこで、バス会社が（イ）[この牛フン]を原料にバイオガス（燃料）を作ったのだ。それで動くバスは、元手が安くすみ、とにかく運賃が安いのだ。

(1) （ア）[この国]とは、どこの国ですか。

（　　　　　　　）

(2) （イ）[この牛フン]を使ったの、このとは何ですか。

（　　　　　　　）

2 次の『食べ物と体の関係』を読んで問いに答えましょう。

動物には肉食動物と、草食動物との二種類がいる。（ア）[この]二種類の動物の体のつくりは、食べ物やすむ場所のちがいから、多くのちがいがある。

（イ）[その]中で、目のつき方から両者のちがいを考えてみよう。

にげ回る動物をとらえるライオンなどの肉食動物の目は、ヒトと同じように左右の目が顔の前方に並《なら》んでいる。

一方、動かない植物を食べるキリンやシマウマなどの草食動物の目は、頭の側面に左右で分かれてついているのだ。

（ウ）[この]ちがいは、え物を追うために必要な遠近感と、にげるために必要な三六〇度の視野《しや》で、必要とされる力がちがうからだ。

(1) （ア）[この]二種類の動物とは、何と何のことですか。

（　　　　　）と（　　　　　）

(2) （イ）[その]中でとは、どの中ですか。

（　　　　　　　）の中

(3) （ウ）[この]ちがいとは、何のことですか。

（　　　　　）と（　　　　　）の、（　　　　　）のちがい。

名前　　　月　　日

次の『鬼《おに》は外、福は内』を読んで、後の問いに答えましょう。

私《わたし》は、節分について調べてきました。㋐**この**日は、春夏秋冬の季節を分ける日のことを指しています。立春、立夏、立秋、立冬の日の前日がそれにあたるので、一年に四回あります。今では、立春の前日の二月三日ごろを主に指しています。これは、立春が一年の始まりとして日本で大事にされてきたので、そうなったようです。

節分の日にすることは地方によってさまざまですが、豆まきは日本全国で行われています。では、なぜ豆をまくようになったのでしょう。

資料によると、その昔、京の都に鬼《おに》が出たようです。そこで、神様のおつげの通り、「鬼の目に豆を投げつけると鬼がにげだした」というのです。

㋑**それ**から、節分にはⒶ「鬼は外、福は内」と言って豆をまき、鬼のような悪いものを家の中から追い出して、新しい年をむかえるようになったそうです。

ちなみに、西日本には、イワシの頭をひいらぎの枝にさして家の門などにかざる、Ⓑ「節分イワシ」という風習もあるそうです。㋒**これ**は、イワシのにおいと、鬼の目をつくひいらぎのトゲを鬼がいやがるので、かざったようです。

二つの話でおもしろかったのが、鬼の弱点は㋓で共通していたことでした。

(1) ㋐**この**とは、何の日で、元々どんな日でしたか。

・何の日（　　　　）

・どんな日［　　　　　　］のこと

(2) ㋑**それ**は、何を指していますか。あてはまる文に直接線を引きましょう。

(3) Ⓐと言って豆をよくのはなぜですか。

鬼のような［　　　　］を［　　　　　　　　］て、［　　　　　　　　］ため。

(4) Ⓑ「節分イワシ」とは、どんな風習ですか。

（　　　　　　　　）

(5) ㋒**これ**は、何を指していますか。

（　　　　）

(6) ㋓にあてはまる言葉を文中から探《さが》しましょう。

鬼の弱点は（　　　　）で共通していた。

接続語 チェック

名前

月　日

『ヤドカリの引《ひ》っ越《こ》し』を読んで、後の問いに答えましょう。

はまべに頭や顔はエビそっくりなのに、大きな貝がらを背負《せお》っている㋐生き物がいます。

この生き物はヤドカリといって、貝がらを「借りて」暮《く》らしています。

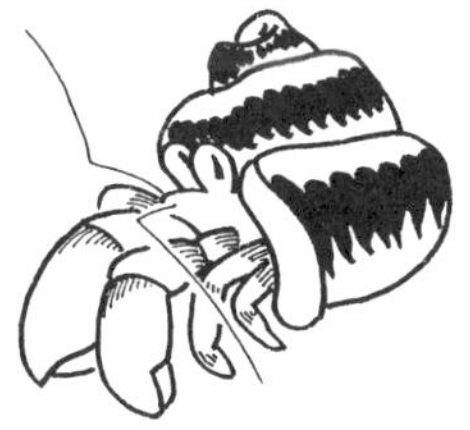

ヤドカリは、体全体がとてもやわらかく、かたいこうらも武器もありません。ヤドカリが身を守るには、こうらの代わりになる貝がらを㋑借りるしかなかったのです。

㋒、ヤドカリも成長をします。借り物の貝がらがきゅうくつになると、自分の体にあった空き家の貝を探《さが》すのです。

貝がらを見つけてはハサミを使って、外側から内側までていねいに大きさを調べていきます。汚《よご》れたものはひっくり返し、中の砂《すな》を捨《す》てそうじもします。

㋓、㋔苦労してやっと気に入ったものを見つけると、古い貝がらを出て、新しいすみ家に引っ越すのです。

㋕、やっと見つけたすみ家に入れても、強いヤドカリがやってきて、追い出されてしまうこともあるようです。

すると、ヤドカリはまた自分の体にあう㋖「空き家」を探しに出かけます。

ヤドカリもなかなか苦労が多いのです。

(1) ㋐は、何にそっくりですか。

（　　　　）

(2) なぜ、㋑借りるしかなかったのですか。理由を書きましょう。

体全体が（　　　　）、（　　　　）ないから。

(3) ㋒にあてはまる接続語を（　）から選んで○をつけましょう。

（けれど　すると　つまり）

(4) ㋓と㋕にあてはまる接続語を［　］から選んで書きましょう。

㋓（　　　　）　㋕（　　　　）

［それでは　そして　しかも　しかし］

(5) ㋔とは、どんな苦労ですか。

［　　　］を見つけては［　　　］を使って、［　　　］を調べる。汚れたものは中の［　　　］もします。

(6) ㋖とありますが、なぜそうするのか理由を書きましょう。

（　　　　）

接続語

ワーク①

名前

月　日

文と文、段落《だんらく》と段落をつなぐ言葉を接続語と言います。接続語には、文から独立《どくりつ》して使われるものがあります。（接続詞）

㋐ **順接**　後の文に予想通りの結果が続く。

（だから・それで・そこで・すると）

「ご飯を食べた。すると、体重が増えた。」


㋑ **逆接**　後の文に予想外の結果が続く。

（しかし・けれども・ところが・だが）

「雨が降《ふ》った。しかし、試合がある。」


㋒ **並立・添加《てんか》**　後の文に並べたり、付けたしたりする。

（そして・また・そのうえ・さらに）

「私の好物はすし。そして、焼き肉だ。」


㋓ **選択《せんたく》**　前と後の文でどちらかを選ぶ。

（それとも・または・あるいは）

「参観日は母。または、父が来る。」


㋔ **説明・結論**　前の後の文で理由やまとめを示す。

（つまり・すなわち・ようするに）

「犬は乳《ちち》で子を育てる。つまり、ほ乳《にゅう》動物。」


㋕ **転換《てんかん》**　前の話題から別の話題に変える。

（ところで・さて・では・ときに）

「明日は休み。さて、予定はありますか。」


次の（　）にあてはまる接続語を［　］から選んで書きましょう。

① 雨が降《ふ》った。（　　）、水泳は中止だ。

② お腹《なか》が空いた。（　　）、水しかない。

③ ステーキを食べたい。（　　）、ケーキも食べたい。

④ ごはんを食べた。（　　）、そろそろ勉強しようか。

⑤ 高い山を登った。（　　）、ながめは最高だった。

⑥ けがをした。（　　）、かぜまでひいてしまった。

⑦ 必死に練習した。（　　）、合格しなかった。

⑧ サケの身は赤いです。（　　）、エビやカニの子を食べるからです。

［ それに　では　だから　しかし ］

［ すると　なぜなら　そのうえ　けれども ］

接続語

ワーク②

名前

月　日

接続語は、文と文や段落と段落のつながり方を明らかにするために使います。接続語があることで、書き手の考えや思いが、よりわかるようになります。

〈例①〉『明日は日曜日です。そうじをします。』（意味は通っても、気持ちが出ていない）

接続語を入れた文にする。

Ⓐ『明日は日曜日です。だから、そうじをします。』（日曜日はたくさん時間がある）

Ⓑ『明日は日曜日です。しかし、そうじをします。』（日曜日は休む日）

接続語があることで、「日曜日にするそうじ」への気持ちや考えがわかる文になります。

〈例②〉『毎日、必ず勉強をした。テストは九十五点だった。』（気持ちが出ていない）

Ⓒ『毎日、必ず勉強をした。すると、テストは九十五点だった。』（期待通りの結果）

Ⓓ『毎日、必ず勉強をした。なのに、テストは九十五点だった。』（期待外れの結果）

次の文章の段落間のつながりとして□にあてはまる接続語・指示語を□から選んで書きましょう。

① サルは、両目が顔の前に並《なら》んでついているので、木から木へと飛び移ったり、飛んでいる虫をぱっとつかまえたりできます。

□、ヒトと同じく、手に指もんや手相があり、指は細かい作業もできます。

ところで　そのうえ

② 肉食動物のライオンは、かみつく大きなキバ（犬歯）と、たおした動物の肉を切りさく奥歯《おくば》をもっています。

一方、草食動物のウシは、草などを時間をかけてすりつぶして食べるため、大きく平らな奥歯をもっています。

□、何を食べるかで歯もちがいがあるのです。

このように　さらに

③ ラッコは、あおむけにうかんで、胸《むね》の上に石やかたい貝などをのせ、それらを打ちつけて貝を割《わ》り、中身を食べます。

□、水面にうかんで、お腹《なか》の上に子どもを乗せて、子育てをします。

また　しかし

④ よく見るとコウモリの小さい体には、カサの骨のような細いうでと長い指、短い足がついています。

そして、そのうでにカサについているようなうすいまくがあります。

□、鳥のようなつばさではなく、うすいまくで飛んでいるのです。

また　だが　つまり

接続語　ワーク③

名前

月　日

接続語《せつぞく》には、文末の語句にくっついて、前後の文の関係を明らかにするものがあります。（接続助詞）

〈順接の関係を表すもの〉

①雨が降《ふ》るので、図書室で本を読む。

②毎日練習をしたから、百点がとれた。

③雨が降れば、遠足は中止です。

〈逆接の関係を表すもの〉

①雨が降ったが、遠足に行った。

②雪になっても、外で体育をやる。

〈並立の関係を表すもの〉

①かれはピアノがひけるし、ギターもひける。

②マンガを読んだり、ゲームをしたりして遊ぶ。

文末にくっつく接続語を使うことで、二文を一文にすることができるんだ。その他にも、「ても」「けれど」「ながら」「のに」などがあるよ。

1 次の文からくっつく接続語を見つけて——を引きましょう。

① 毎日練習をしたので、大会で優勝できた。

② あまいものも、からいものも好きだ。

③ ダチョウは羽があるが、飛ぶことはできない。

④ 野菜の値段が上がったけれど、毎日買っています。

2 次の文のくっつく接続語に——を引き、この文を二文に分けたときに使う接続語を［　］から選びましょう。

① 昼食にうどんも食べるし、パンも食べる。（　　）

② 足が速いけど、バトンパスはいまいちだ。（　　）

③ 宿題をしてから、テレビを見た。（　　）

④ 図書館へ行ってみると、休みだった。（　　）

けれど　そのうえ　すると　それから

接続語

おさらい

名前

月　日

次の『サケの身はなぜ赤い？』を読んで、後の問いに答えましょう。

身近な魚の代表格、サケ。身が赤く、いろんな料理に使える人気の魚です。

この魚、身は赤いですが実は白身の魚です。では、なぜ赤くなっているのでしょうか。このなぞを解き明かします。

まず、サケは川で生まれてしばらくすると、大海原《おおうなばら》へと旅立ちます。

Ⓐ　㋐大人になると、広大な海から自分の生まれた川へと、産卵《さんらん》のためにもどってきます。サケは、川の流れに逆らって、大変な体力を使い、命がけで川をさか上るのです。㋑そのため、栄養豊富《ほうふ》なエサのある海にいる間に、力をつけるのです。

そうして産まれた場所にたどりつくと産卵し、力つきてその一生を終えます。

さて、この栄養豊富なエサとは、㋒エビやカニの子どもです。これらには、つかれを回復してくれる、タンパク質やアスタキサンチンという栄養がたっぷりふくまれています。このアスタキサンチンが、赤色の色素をもっているのです。

Ⓑ、これがサケの身が赤くなる理由です。ちなみに、サケの卵《たまご》であるイクラが赤いのも、㋓同じ理由からです。

※タンパク質やアスタキサンチン……肉などにふくまれる栄養素。

(1) サケの身は、実は何色ですか。

（　　　　）

(2) ⒶとⒷにあてはまる接続語を□から選んで書きましょう。

Ⓐ（　　　　）

Ⓑ（　　　　）

だから　ところが　つまり

だが　なお　つまり

(3) ㋐大人になるとなぜ産まれた川へもどるのですか。理由を書きましょう。

（　　　　）

(4) ㋑は何のことですか。

□□□□□を□□ため

(5) エサの㋒エビやカニの子どもには何と何がふくまれていますか。

（　　　　）（　　　　）

(6) ㋓同じ理由とは何ですか。

（　　　　）

文末表現

チェック

名前　　　　　　月　　日

次の『カキの見張り』を読んで、後の問いに答えましょう。


留守番の吉四六《きっちょむ》さんに、お父さんが言いました。

「吉四六や、カキがもう食べら㋐れそうだ。明日とるから、今日は気を付けて㋑見ていてくれ。」

「はい。ちゃんと見ておきます。」

吉四六さんは、元気な声で返事をしました。

しかし、ただだまって見ている吉四六さんではありません。お父さんが出かけると、

「おーい、家のカキがもう食べられるぞ。みんな㋒食べに来い。」

と、子どもたちに言って回りました。

これを聞いた子どもたちは、大喜びでカキを食べてしまいました。

さて、お父さんが帰ってくると、吉四六さんはカキの木の下にすわっていました。

「お前、一日中㋓そうやっていたのか?」

「はい、気を付けてカキの木を見ていました。」

「そうか。えらいぞ。」

感心したお父さんが、ふとカキの木を見上げると、カキの実がほとんどありません。

「これはどうしたことか。」

すると、㋔吉四六さんは平気な顔で言いました。

「はい、村の子どもたちが次々と来て、カキの実をもいでいきました。私が気を付けて見ていたからまちがいありません。」

(1) 「~そうだ㋐」の文末表現と、同じ意味で使われているのはどちらですか。
① (　) 今夜は雨になりそうだ。
② (　) 事故があったそうだ。

(2) 「見ていてくれ。㋑」のような文末表現の説明になるように(　)に言葉を入れましょう。
人に何かを(　　　　)ときの言葉

(3) 「食べに来い。㋒」のような文末表現の説明になるように(　)に言葉を入れましょう。
人に(　　　　)するときの言葉

(4) 「そうやっていたのか?㋓」の文末の「か」と同じ意味で使われているのはどちらですか。
① (　) 「さあ、食事だ。もう勉強は終わったか。」
② (　) かれは、電車が発車したとき、「行ってしまったか。」と言った。

(5) 「そうやっていたのか?㋓」、と言ったお父さんは何をどうすることと思っていましたか。
(　　　　)

(6) ㋔はなぜですか。理由を書きましょう。
お父さんが(　　　　)を守るようにではなく、「気を付けて(　　　　)。」という言葉を言ったから。

文末表現　ワーク①

名前　　月　　日

日本語は述語が文の最後にくるので、話も文章も最後までしっかり確かめないと内容がわかりません。

例
夕食は　食べました。　　明日の天気は　晴れです。
夕食は　食べていません。　　明日の天気は　晴れですか。
夕食は　食べただろう。　　明日の天気は　きっと晴れだ。

1 次の文末表現のうち、一つだけ意味の異《こと》なるものがあります。〇をつけましょう。

①
㋐（　）都会はにぎやかだそうだ。
㋑（　）このケーキはおいしそうだ。
㋒（　）今夜はすずしいそうだ。

②
㋐（　）カエルはヘビに食べられる。
㋑（　）この納豆《なっとう》はまだ食べられる。
㋒（　）太郎《たろう》君が先生にしかられる。

2 より確かなものから順に番号をつけましょう。

①
㋐（　）向こうを行く人は　先生らしい。
㋑（　）向こうを行く人は　きっと先生だ。
㋒（　）向こうを行く人は　確かに先生だ。

②
㋐（　）太郎君は覚えているかもしれない。
㋑（　）太郎君は覚えているにちがいない。
㋒（　）太郎君は覚えているだろう。

3 次の文は、[　]の㋐～㋕のどれですか。（　）に記号を書きましょう。二度使うものもあります。

①（　）もっとたくさんくれ。
②（　）私《わたし》はバレリーナになりたい。
③（　）コウモリは鳥の仲間ですか。
④（　）兄は中学生ではありません。
⑤（　）だれがいたずらをしたのですか。
⑥（　）ぼくは百メートル泳げます。
⑦（　）明《あきら》君はケガをしていません。
⑧（　）兄はクラブを休んだそうだ。
⑨（　）早くすずしくなってほしい。
⑩（　）できるだけたくさん集めなさい。

㋐ 打ち消しの文　㋑ 命令の文　㋒ 質問・疑問《ぎもん》の文
㋓ 可能の文　㋔ 伝聞の文　㋕ 希望の文（依頼《いらい》）

文末表現

ワーク②

名前

月　日

文末表現にもいくつも種類があります。

◆断定…決めつける表現（確かな情報のとき）
（～ものです。～だ。～である。～にちがいない。など）

◆推量《すいりょう》…推《お》し量《はか》る表現（不確かな情報、問いかけ、疑問《ぎもん》の提示）
（～だろうか。～ようだ。～でしょう。～そうだ。～らしい。）

◆理由…説明するような表現（なぜ・どのように・に対する説明）
（～からです。～なのです。～のです。～である。など）

◆招待…さそいかける表現（または返事）
（～しましょう。そうしましょう。～しませんか。など）

※その他のいろいろな表現
〈例〉～することが多い。～するものも多い。～とも言われる。
口に入るまでに時間がかかる。～をよく耳にする。～に目を配る。
まるで～のようだ。など

次の文を読んで、後の問いに答えましょう。

① 工業化が進み、便利な世の中になる一方、二酸化炭素が大量に空気中に放出されると地球の温暖化が進み、まるで地球が毛布に包まれているようになっているのです。

② においと高温のガスを出すミイデラゴミムシは、スカンクより相手にきょうふをあたえる生き物［　　］。

③ 都会では、台所と食事をする部屋《へや》が一つになった「ダイニングキッチン」が登場したのです。ガス、電気、水道が整ってきたからでした。

④ 日本人に愛されてきたアサガオは、これからも人々を楽しませてくれることだろう㋐。
さつまいもは、植物の体の一部として、どんな役割《やくわり》があるのだろう㋑。

① 「まるで～毛布に包まれている」とどうなるというのですか。
（　　　　　　　　）

② この文の文末にあてはまるよう一番断定する言い方に〇をつけましょう。
（　かもしれない　にちがいない　だろう　）

③ この文は何の理由を話していますか。
（　　　　　　　　）

④ ㋐㋑の文末の意味と似ているものに㋐㋑をつけましょう。
Ⓐ（　）明日は、晴れだろう。
Ⓑ（　）兄は、きっと、一番をとることだろう。
Ⓒ（　）このプレゼントは何だろう。

文末表現

おさらい

名前

月　日

次の『知恵《ちえ》をしぼれば「エコ」となる』を読んで、後の問いに答えましょう。

日本では、生ゴミが一年間に約五百万トンも燃やされています。

㋐それには約八十パーセントともいわれる、多くの水分がふくまれているので、そのうち、約四百万トンが水分ということになります。

水分をたくさんふくんだ重い生ゴミを集め、運び、それをクリーンセンターで燃やすにはたくさんの労力と燃料が㋑必要です。また、みんなの税金もたくさん必要になります。そのうえ、地球温暖化の原因となる二酸化炭素も多く㋒出てしまいます。

㋓、対策をしましょう。

まず、台所の三角コーナーなどにたまる生ゴミをなるべく「ぬらさない」ようにします。それから、ぬれてしまったものはできるだけ、「水分をしぼり」ます。さらに、それを「日干《ひぼ》しする」と申し分ないでしょう。

㋔これら三つすべて実行すると、五十パーセント以上もの生ゴミの減量につながる㋕らしいです。

みんなが少しずつ「知恵」をしぼれば、地球環境《かんきょう》にやさしいエコ活動になるのです。

(1) ㋐のそれとは何のことですか。

約五百万トンの（　　　　）

(2) 生ゴミを燃やすときまでには、何が㋑必要になりますか。

（　　　　）（　　　　）

（　　　　）

(3) ㋒は、何の原因になるものが出ていますか。

（　　　　）二酸化酸素

(4) ㋓にあてはまる接続語を[　]から選んで書きましょう。

（　　　　）

しかし　また　だが　そこで

(5) ㋔これら三つが特に指している文を見つけて、本文に線を引きましょう。

(6) ここでの「〜㋕らしいです」は次のどれと同じ意味ですか。○をつけましょう。

① （　）その言葉使いはお姉さんらしい。

② （　）向こうにいるのは先生だろう。

③ （　）明日は晴れるそうだ。

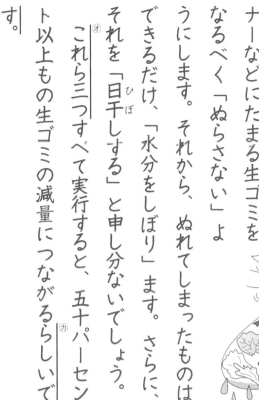

段落の要約

チェック

名前

月　日

次の『ヤドカリとイソギンチャクの共生』を読んで、後の問いに答えましょう。

Ⓐ　海岸のよく目につくところで、貝とは思えない速さで動いている姿《すがた》があります。あれは貝ではなく、貝がらを背負《せお》ったヤドカリです。

Ⓑ　ヤドカリは、名前のように空き家になっている貝のからを借りて、すんでいます。
　体がやわらかいので、かたい貝がらに閉《と》じこもって敵《てき》から身を守ります。

Ⓒ　そんなヤドカリがイソギンチャクといっしょに暮《く》らしている様子を見てみましょう。

Ⓓ　イソギンチャクは元々岩などにくっついていて、自分で動くことができません。しかし、ヤドカリの貝がらに乗せてもらうことで、あちこちに移動ができます。

Ⓔ　一方、ヤドカリは天敵《てんてき》のタコなどにおそわれても、イソギンチャクがとげにある毒で守ってくれます。

Ⓕ　ヤドカリは、イソギンチャクを見つけるとイソギンチャクをその岩場から、自分の貝がらに移します。そして、新しい貝がらに宿をかえるときにも、イソギンチャクを古い貝がらから、新しい貝がらへと連れていきます。身を守ってもらうためです。

Ⓖ　このようにヤドカリとイソギンチャクの関係は共生という助け合いで成り立っています。

(1) Ⓐの文を一つの文に要約しましょう。

海岸で動いてる貝は［　　　］を［　　　　］ヤドカリです。

(2) Ⓑの文を一つの文に要約しましょう。

ヤドカリは［　　　　　　］ので、［　　　　　　　］閉じこもって身を守ります。

(3) Ⓓの文を一つの文に要約しましょう。

イソギンチャクは、［　　］で［　　　　　　　　　］ので、ヤドカリの貝に［　　　　　　　］移動します。

(4) Ⓔヤドカリの天敵は何ですか。

（　　　　　　）

(5) Ⓕの文でヤドカリはなぜイソギンチャクを連れていきますか。

（　　　　　　）

(6) Ⓖヤドカリとイソギンチャクの関係はどんな関係ですか。

［　　　　　　　　　］の関係

段落の要約

ワーク①

名前

月　日

その文章の意味の要点をとらえて短くまとめることを要約するといいます。

① 要約には二文・三文を一文に、まとめる力が必要になる。

② 主語・述語・重要な修飾語《しゅうしょくご》を入れて、短くまとめる。自分の言葉もつかえる。

③ 中心の文の、必要な述語から決めていく。

〈例〉

Ⓐ 海岸でよく目につくところに貝がらが動いている。

Ⓑ あれは貝ではなくヤドカリだ。

⇦ 二つの文を一つの文にすると、

［海岸で］よく目につくところに［貝がらが動いているのは］、あれは貝ではなく［ヤドカリだ］。

⇦ 要約すると、

海岸で貝がらが動いているのは、ヤドカリだ。

次の『柿が赤くなると、医者が青くなる』のⒶ～Ⓒの段落《だんらく》の中で、中心になる主語に＝＝、述語に――を引き、重要な修飾語を考えて、各段落の要約文を完成させましょう。

Ⓐ 柿《かき》。秋が旬《しゅん》の赤みがかった果物《くだもの》だ。これを冬でも食べられるかん味の保存食《ほぞんしょく》として、昔の人が工夫《くふう》したものが干し柿である。

Ⓑ まず、「柿が赤くなると、医者が青くなる」ということわざがあるほど栄養価が高い柿。実際ブドウ糖のほか、β―カロテン、ポリフェノールの一種のタンニン、ミネラルなどの栄養をバランスよくふくんでいる果物だ。

そして、柿は干すことによって栄養価やあま味が増し、よりよい健康食品となる。

Ⓒ 地域《ちいき》によっては、「幸せをかき集める」とお正月のえん起物にもなっている干し柿。

昔の人は、成分がわからずとも、どうすればあま味や栄養が増すかや、保存食とできるかを創意工夫《そういくふう》と経験で発見してきたのだ。

Ⓐ 柿を冬の保存食として、＿＿＿＿＿＿＿＿＿＿が干し柿である。

Ⓑ 柿は栄養をバランスよくふくんでいるが、＿＿＿＿＿＿＿＿、＿＿＿＿健康食品となる。

Ⓒ 昔の人は、＿＿＿＿＿＿＿＿＿＿、が増すかや、＿＿＿＿＿＿＿＿を発見してきたのだ。

段落の要約　ワーク②

（名前）　　　　月　　日

要約は次の手順でしていきます。

① 一まとまりの文章の中心となる文とその述語、次に主語を見つけること。

② くり返し出てくる言葉や題につながる言葉は重要であることが多い。
この文では、キーワード「日光」「葉」など。

③ 重要な修飾語《しゅうしょくご》は、文章全体から考える。

『植物の日光のとり方』の段落《だんらく》の中で、中心になる主語に＝＝、述語に——を引き、重要な修飾語を考えて、各段落の要約文を完成させましょう。

① 植物には、自分で栄養を作るために、日光と水、空気が必要です。そのうち、周囲の植物たちと取りあっているのが日光です。

② そのため、他の植物と並《なら》んだ植物たちは、より自分が高くなろうと背《せ》をのばします。

③ ヒマワリも日光をえるために背を高くします。さらに、葉にあたる日光の面積を増やすため、真上から見ると葉が重ならないように外に広げています。

④ また、つるのあるアサガオは、周囲の植物に巻《ま》きついて太陽に向かい、その植物の上に自分の葉を広げ、日光をとります。

⑤ このように、さまざまな方法で周囲よりもたくさん日光を浴びるために植物は進化し、成長しているのです。

① 植物は、（　　　　）で栄養を作るが、周囲の植物たちと取りあっているのが（　　　　）だ。

② 植物は、他の植物と並ぶと、（　　　　）背をのばす。

③ ヒマワリも日光をえるために背を高くして、（　　　　）の（　　　　）ため、（　　　　）が（　　　　）ように（　　　　）ている。

④ つるのあるアサガオは、（　　　　）、その植物の上に（　　　　）を（　　　　）、日光をとる。

⑤ 植物は、（　　　　）ために（　　　　）し（　　　　）している。

段落の要約

おさらい

名前

月　日

次の『入道雲と雷雲《かみなりぐも》』を読んで、後の問いに答えましょう。

Ⓐ「明日は雷雲が発生し、雨模様《あめもよう》となるでしょう。」

気象予報士がテレビで話しているのをみなさん聞いたことがありますよね。

雷雲の正式名称《めいしょう》は積乱雲《せきらんうん》で、春先から夏にかけての暖《あたた》かい日に見られます。また、もくもくと盛《も》り上がっている形が、入道（坊《ぼう》主《ず》）の頭のように見えることから入道雲とも呼《よ》ばれます。

Ⓑこの雲のでき方を説明します。

まず、日光により地面近くで水蒸気《すいじょうき》をたくさんふくんだ空気が温められて軽くなり、空高くふき上げられます。

すると、その中の水蒸気は上空で冷やされて多くの水のつぶになります。

それが雨となって降《ふ》り出《だ》します。

これが急に起こるにわか雨です。

Ⓒさらにその空気が上空にまで上がった場合、水のつぶは雨ではなく、氷のつぶとなります。

それがそのまま地上まで落ちてくると、氷のかたまりのヒョウと呼ばれます。

このとき上空では、氷のつぶの激《はげ》しいぶつかりあいが起こっており、雲の中に静電気がたまります。

Ⓓ[これ]㋐が雷の元になります。

雲の中にたくさんたまった電気は、やがて、雷となって光を出したり、激しい音を出したりします。

このとき、空気中から地上に向かって、何万ボルトという電気が流れるのです。

これを落雷《らくらい》と呼んでいます。

ときには停電も起こし、人間の生活に大きなひ害をもたらすことがあります。

※静電気……物がこすれたりしたときに起きる電気のこと。

(1) 雷雲の正式名は何ですか。

[　　　]

(2) にわか雨が降るまでの様子を要約して書きましょう。

① まず、日光により（　　　）が温められて軽くなり、空高くふき上げられます。

② すると、その中の水蒸気は（　　　）になります。

③ それが（　　　）降り出します。

(3) さらに上空にまで上がった場合の空気はどうなりますか。

水のつぶは（　　　）となり、そのまま地上まで（　　　）と（　　　）と呼ばれます。

(4) [これ]㋐が指している内容を書きましょう。

（　　　）中にたまった（　　　）

(5) 落雷とは、どんなものですか。

（　　　）

文章の構成　チェック

名前

月　日

次の『メッシ選手のすごさ』を読んで、後の問いに答えましょう。

Ⓐ　二〇一九年、その年のサッカーの最優秀《さいゆうしゅう》選手《せんしゅ》にメッシ選手が選ばれました。通算六度目の快挙で、スペインにあるバルセロナというチームで活やくしています。

Ⓑ　メッシ選手のすごい所は、「止める」「走る」「ける」の三つの基本的技術が人並《ひとな》み外《はず》れてレベルが高い所です。

パスを受け、ドリブルで三人、四人を簡単《かんたん》にぬき去ると、正確なシュートでゴールを決めます。

Ⓒ　プロの選手が活やくする条件《じょうけん》の一つに「体格の良さ」があります。

ところが、メッシ選手の身長はプロの平均身長には遠くおよばず、一六九センチメートルしかありません。

メッシ選手は、それを体のバランスの良さや周りを見て判断する力によって補《おぎな》っているのです。

Ⓓ　これらのことを考えると、海外の選手にくらべると身長が低めな日本の選手にも、メッシ選手のように活やくするチャンスがあると言えるかもしれません。

(1)　本文をしっかり読みましょう。

(2)　Ⓐの段落《だんらく》で中心になる文を文図にしましょう。

（　　　）
（　　　）ました。

(3)　Ⓑの段落ではメッシ選手のすごさが書かれています。文図にまとめましょう。

（　　　）が
（　　　）て
（　　　）。

(4)　Ⓒの段落で中心になる文を文図にしましょう。

メッシ選手は（　　　）、
（　　　）や
（　　　）によって
（　　　）。

(5)　Ⓓの段落をまとめましょう。

（　　　）も
（　　　）のように活やくする
（　　　）がある。

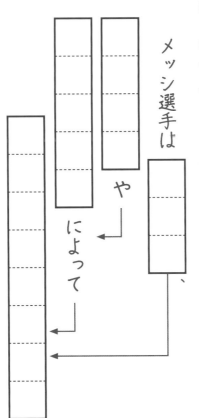

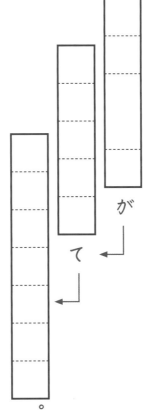

文章の構成

ワーク①

名前

月　日

文章はいくつかの段落《だんらく》でできていて、段落の分け方には、「形式段落」と「意味段落」があります。

◆段落……文章の中の区切りのこと。いくつかの文のまとまりのこと。

◆形式段落……文章の表記上、読みやすくするために、文頭を一字分下げてあるところ。

◆意味段落……文章の中で、意味で一まとまりになっているいくつかの段落のこと。

説明文では「はじめ」（問いかけなど）、「なか」（くわしい説明など）、「おわり」（結論《けつろん》・まとめなど）の意味で分けることが多い。

次の『カマキリ』の各形式段落の文章を、キーワードを入れて要約しましょう。そして、「はじめ・なか・おわり」の意味段落ごとの文章を要約しましょう。

Ⓐ はじめ

1　ときどき、草原のかれたくきにスポンジの固まったような茶色い物がくっついています。

2　これはカマキリがおしりから出したあわが固まったもので、そのカサカサした外側の茶色いものを切り開くと、中には二百個あまりの卵《たまご》が入っています。

Ⓑ なか

3　自然の中で小さな卵を一つぶずつ産みつけていると、たちまち他の虫や鳥などに食べられてしまいます。

4　だから、あわの固まりで大切な卵たちを敵《てき》から守っているのです。

5　そのうえ、このあわの固まりは卵をただ敵から守るだけでなく、中の温度を保って、寒さからも守っているのです。

Ⓒ おわり

6　このようにして寒い冬をこしたカマキリの卵は、あたたかくなった春には、あわのすみかから何百という幼虫《ようちゅう》がぞろぞろと出てくるのです。

(1) Ⓐ はじめ（あわの固まりの説明）

1　かれた（　　　　）がくっついている。

2　あわの固まりには（　　　　）が入っている。

(2) Ⓐの要約をして三十字程度にしましょう。

（　　　　　　　　　　　　　　）

(3) Ⓑなか（あわのくわしい働き）

3　卵を（　　　　）と食べられてしまう。

4　あわで（　　　　）。

5　このあわの固まりは、（　　　　）からも（　　　　）くれる。

(4) Ⓑの要約をして三十字程度にしましょう。

（　　　　　　　　　　　　　　）

(5) Ⓒおわり（話のまとめ・筆者の主張など）

6　春には、（　　　　）と出てくる。

文章の構成　ワーク②

名前

月　日

○文章の構成や題（タイトル）から、その内容を読み取れるようになりましょう。

○はじめ……文章の初めにあり、話のしょうかい（がい要・説明）や問題提起など。

○な　か……「はじめ」を受けて、話や問題の具体的な説明（内容）や対策《たいさく》・答えなど。

○おわり……「なか」を受けて、その結論《けつろん》や、問題のまとめ、筆者の主張など。

○題（タイトル）…筆者の考える疑問《ぎもん》や筆者の主張が書かれていることが多い。

○小見出し……各段落のキーワードなどをまとめた（各段落の）タイトル（題）のようなもの。

次の形式段落の書かれた文章について、後の問いに答えましょう。

Ⓐ［　　　　］

① インドでは牛を大切にする。牛が道路の真ん中にねそべっていたり、牛フンもいたるところに落ちていたりするのだ。長らく、その牛フンは調理など、家庭でわずかに使われている程度であった。

② そのインドで、牛フンを原料にしたバイオガスで走るバスが営業を始めた。

③ バス会社は、トラックで集めてきたたくさんの牛フンから、バイオガスを作り、それをボンベにつめてバスに乗せて走らせる。

④ このバスはガソリンバスより一・五倍のきょりを走り、排気《はいき》ガスもくさくないという。

⑤ 緑色をした（エコを示す）このバスの料金は通常の二割《わり》で、その安さが話題にのぼり、多くの人が利用している。

⑥ バス会社は、今後バスを増やして、多くの市民の役に立つとともに、牛フンの利用でエコを進めたいという。

※バイオガス……生物を原料にして作ったガス。
※エコ……環境にやさしいこと。

(1) 形式段落の小見出しを書きましょう。（くり返し出るキーワード〔重要な言葉〕を入れる）

①（　　）
②（　　）
③（　　）
④（　　）
⑤（　　）
⑥（　　）

(2) 【　】に番号を書いて意味段落で分けましょう。

はじめ（インドの牛フン）【　　】
なか（牛フンを原料にして走るバス）【　　】
おわり（牛フンバスでエコを広める）【　　】

(3) Ⓐにあてはまるこの文章にふさわしい題を次から選んで○をつけましょう。

①（　）がんばれ、牛フンバス
②（　）インドの牛フン
③（　）牛フンとバイオガス

文章の構成

おさらい

名前

月　日

次の『食料危機とこん虫食』を読んで、後の問いに答えましょう。

Ⓐ　近い将来《しょうらい》、大変な食料不足が地球全体で起きると心配されている。

現在の地球全体の人口は約七十四億人、二〇五〇年には約九十七億人に増加するという。

そのうえ、このまま温暖化《おんだんか》が進めば、海面の上昇《じょうしょう》が進んで、陸地が減り、農地が砂ばく化するなど食料不足を示す材料が多くある。

この世界的な食料不足を補《おぎな》うには、どんな対策が立てられるだろうか。

Ⓑ　世界には古くからこん虫食という食文化がある。石器時代のヨーロッパ、スペインの遺《い》跡《せき》からは、ミツバチのミツを採集する女性の絵が発見されている。

アジアやアフリカでは、今でも約五百種類にもおよぶこん虫が食料とされている。セミ、バッタ、コオロギ、はては有毒のサソリまでも食べられているのだ。

日本の地方には今でもこん虫のイナゴやハチの幼虫《ようちゅう》、さなぎなどを食べる習慣が残っている。ミツバチのミツやローヤルゼリーなどは高級食材である。

Ⓒ　こん虫には体重の約半分のたんぱく質があり、ミネラル類も豊富だ。エビやカニ、魚などに引けを取らないすぐれた栄養源《えいようげん》なのだ。

しかも、その味はエビやカニにもおとらないそうだ。

さらに、いつも人間の近くにあるという、このうえない都合の良い食物だったのだ。

人類の危機を解決する望みは、こん虫食にある。

(1)　Ⓐ「はじめ」で書かれている、食料不足になりそうな原因を三つ書きましょう。

・（　　　　）

・（　　　　）

・（　　　　）

(2)　Ⓑ「なか」で書かれている、世界のこん虫食の例三つを要約して書きましょう。

・ヨーロッパの遺跡からは、ミツバチの（　　　　）

・アジアやアフリカでは、（　　　　）

・日本の地方には、（　　　　）

(3)　Ⓒ「おわり」にある、こん虫食が都合の良い食料である理由三つを要約して書きましょう。

・□□□□□□□ だから。

・□□□□□□□ にもおとらないから。

・いつも □□□□□ にあるから。

(4)　この文章全体から筆者の主張を文中の言葉を使って書きましょう。

（　　　　）

スノーモンキー

（名前）　　　　月　　日

次の『スノーモンキー』を文章を読んで、後の問いに答えましょう。


東北地方にすむニホンザルは世界中のサルの仲間で、もっとも北方にすむものです。

海外ではスノーモンキーと呼《よ》ばれ、とても㋐人気があります。

たくさん積もった雪にとりかこまれた温泉《おんせん》につかっていたり、たき火にあたったりしているところが㋑写真や動画などでしょうかいされて有名になりました。

ニホンザルはもともとしっぽが長いオナガザルの仲間ですが、寒い地方に暮《く》らしているうちに、体温がうばわれないように㋒しっぽが短くなったと考えられています。

木の実やイモなど、ヒトと同じように季節にあわせて、㋓いろいろなものを食べます。

春は新芽や花、夏はこん虫、秋はカキやアケビなど木の実、きびしい冬は草の根や木の皮も食べます。海辺のサルは魚や貝、海草も食べています。

指先が発達していて、細かい物をつまんだり、皮をむいたりもできます。そして、ヒトと同じく指もんや手相があります。

また、両目が顔の前についていて、遠近感があり、木から木へと飛び移ったり、虫をぱっと手でつかまえたりもできます。

イモを洗《あら》って食べたり、海水で味付けをしたり、食べる工夫《くふう》があります。

この地方にすむサルは、サルの中でもとてもヒトに近い動物なのです。

(1) 海外で㋐人気なのは、どこにすむ何ですか。

（　　　　　　）

(2) ㋑写真や動画で、しょうかいされたのはどんなところですか。

・（　　　　　　）
・（　　　　　　）

(3) ニホンザルは、もともと何の仲間ですか。

（　　　　　　）

(4) ニホンザルの㋒しっぽが短くなったのは、なぜだと考えられますか。

（　　　　　　）

(5) ㋓いろいろなものを食べますとありますが、きびしい冬には何を食べていますか。

（　　　　　　）

(6) どんなところがヒトに近いのですか。

・□□が□□しているところ。
・□□や□□があるところ。
・□□が□□にあるところ。
・□□があるところ。

ふくろのある動物　カンガルー

名前

月　日

次の『ふくろのある動物　カンガルー』を読んで、後の問いに答えましょう。

十六世紀ごろ、オーストラリア大陸に上陸したイギリス人たちは、とても㋐めずらしい動物を見た。

それは、しっぽを支えに二本足で立ち、ピョンピョンとそこら中をはね回っていた。そして、お腹《なか》にはふくろがあり、そこからはかわいい赤んぼうが顔を出していたのだ。

現地の人にそれの名前をたずねると、

「カンガルー（知らない）」

と、現地の言葉で答えたという説がある。

この他にも、ふくろのあるオオカミやネズミなども発見し、㋑かれらは大変おどろいた。

このようなお腹にふくろのある動物を有袋動《ゆうたいどう》物《ぶつ》と呼《よ》び、オーストラリア大陸には多く生息していた。

はるか昔の二億年以上前。アフリカやオーストラリアなどの大陸やその周辺の島々が㋒ゴンドワナ大陸という一続きの大陸だった時代があった。

恐竜《きょうりゅう》がほろび、ほ乳動物《にゅうどうぶつ》が現れたころだ。

このころは、有袋動物は世界のどこにでもいた。

ところが約六五〇〇万年前、大陸移動でゴンドワナ大陸から、オーストラリア大陸が分かれてできた。

すると、オーストラリア大陸以外では、ふくろをもたないほ乳動物が登場し、有袋動物はだんだんと姿《すがた》を見せなくなってしまった。

その結果、現在はオーストラリア大陸周辺に残っているものがほとんどになってしまったのだ。

(1) ㋐めずらしい動物は、どんな動物でしたか。

・（　　　　）で立つ。

・（　　　　）が顔を出す。

(2) (1)の動物の名前の由来は、何でしたか。

（　　　　）

(3) ㋑かれらとは、だれのことですか。

（　　　　）

(4) お腹にふくろのある動物を何と呼んでいますか。

（　　　　）

(5) ㋒ゴンドワナ大陸とは、どんな大陸ですか。

（　　　　）

(6) 有袋動物がオーストラリア大陸周辺に多く残っているのは、なぜですか。

（　　　　）が分かれ、オーストラリア大陸以外では、（　　　　）し、（　　　　）しまったから。

切りさく歯、すりつぶす歯

名前

月　日

次の『切りさく歯、すりつぶす歯』を読んで、後の問いに答えましょう。

さて、㋐動物を仲間分けするとき、考え方で分け方がいくつもあります。

たとえば、食べる物で分けると、㋑ライオンやトラのような肉食動物。㋒シマウマやウシのような草食動物に分けられます。

大きく分けたこの二つの動物たちの歯に注目してみましょう。

まずは、［Ⓐ］です。

かれらは、え物である草食動物にかみつくための大きな前歯（キバ）と、え物の肉を切りさく奥歯《おくば》をもっています。前歯は、一度かみつくと暴れても取れないしくみになっています。

その後は、ハサミのような奥歯で肉を切りさき、骨《ほね》と皮以外はすべてたいらげてしまいます。

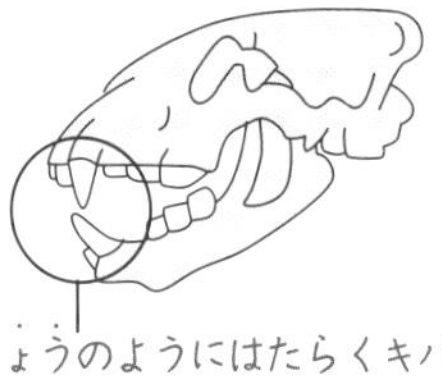

一方、［Ⓑ］は、草などを時間をかけてすりつぶすことになるので、歯は全体に平らで大きい奥歯（きゅう歯）をもっています。これは、いつⒶにおそわれるかわからないので、食べられるだけの草をいくつもある胃《い》ぶくろにつめこんでいます。安全を確認《かくにん》すると、㋓そこから口の中に何度ももどして、じっくりかむこと（㋔反すう）で栄養をとります。

このように、肉食動物と草食動物の生き方にちがいがあるので、歯に限らず、多くのちがいがあります。

さて、他にはどんなところにちがいがあると思いますか。

(1) 筆者は㋐動物を、何と何に分けましたか。ⒶとⒷにあてはまる名前を書きましょう。

Ⓐ（　　　　）　Ⓑ（　　　　）

(2) 筆者は、ⒶとⒷを何でくらべていますか。

（　　　　）

(3) ㋑ライオンのもつ二つの歯の特ちょうの要点を書きましょう。

・（　　　　）
・（　　　　）

(4) ㋒シマウマやウシの奥歯はどんな働きをしていますか。

（　　　　）

(5) ㋓そことは、どこですか。

（　　　　）

(6) ㋔反すうとはどうすることですか。

（　　　　）

カラスの知恵

名前

月　日

次の『カラスの知恵』を読んで、後の問いに答えましょう。

カラスは仲間で暮《く》らすことがほとんどだ。エサを探《さが》す、身を守るなど、㋐群れで活動する方が自分たちに都合が良いとわかっているのだ。強敵《きょうてき》であるトビも数羽で追いはらう。

㋑最近では、町の近くにすみだしている。里山よりも人間が住む町中が安全なことや、冬場の食料にも不自由しないことを知っているようだ。

お寺や神社の木などに巣を作って、人間のごく近くまで寄ってきている。

そのカラスの頭の良さを見てみよう。

朝、ゴミぶくろをあさっているカラスをよく見かける。人間がアミをかぶせ、ふくろの色を変えるなどの工夫《くふう》を重ねても、次々と食いあらしてしまうのだ。

公園の水飲み場で水を飲んでいるカラスは、水道のじゃ口をクチバシでつついて回し、水を飲んでいることがある。カラスが人間の㋒様子を観察してマネをしたのだ。

［エ］、上向けに水を出して、水浴びをすることだってあるそうだ。

かれらは、うまくいったことを学習し、それを仲間に伝える能力があるそうだ。

きらわれることや、不気味に思われることも多いカラス。

でも㋔その行動をよく観察してみてほしい。その知恵がわかる発見があるかもしれない。

(1) カラスが㋐群れで活動する方が都合がよいとわかっていることを三つ書きましょう。

・（　　　　）

・（　　　　）

・（　　　　）

(2) ㋑の理由を本文から探して、初めの三字とおわりの三字を書き出しましょう。

□□□ ～ □□□。

(3) カラスは人間のどんな㋒様子をマネしたのですか。

（　　　　）

(4) カラスにはどんな能力がありますか。

・（　　　　）

・（　　　　）

(5) ［エ］にあてはまる言葉を［　］から選んで書きましょう。

［つぎに　すると　なお　さらに］

（　　　　）

(6) 筆者は何を思って、㋔その行動を観察してみてほしいと言っていますか。

（　　　　）

異常台風の原因は？

名前

月　日

次の『異常《いじょう》台風の原因は？』を読んで、後の問いに答えましょう。

Ⓐ　近年、大型化し、予想できない進路をたどる台風に不安を感じている人は多い。なぜ、そんな異常な台風が増えてきたのだろう。

Ⓑ　台風は、南洋の海水温が二十五度と高く、日差しの強い海上で生まれる。

❶　水蒸気《すいじょうき》が大量に発生し、軽くなった空気がどんどん上昇する。

❷　❶を受けてその場の空気がうすくなると、まわりから次々と空気が流れこむ。

❸　❶❷をくり返して上昇した空気が地球の自転の影響《えいきょう》で反時計回りのうずとなる。

これが、台風の卵《たまご》である熱帯性低気圧《ねったいせいていきあつ》であり、風速十七メートル以上まで発達すると、台風と呼《よ》ばれるようになる。

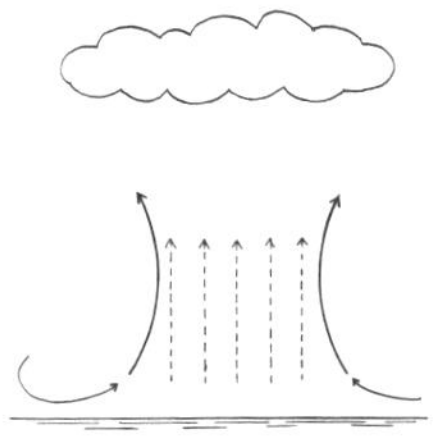

Ⓒ　これまでの台風は、日本近海まで来ると海水温が低く、発達がおさえられていた。

台風の進路も、じょじょに進路を東へとるとほぼ決まっていたのだ。これは、春から夏、夏から秋にかけて西から東にふく偏西風《へんせいふう》の影響があるからである。

Ⓓ　ところが、温暖化《おんだんか》で日本近海の海水温が高くなったことで、日本近海で大型台風に発達することや、日本近海での発生も見られ、そのまま北上するものもある。

偏西風がうねることで、進路が予想できない異常な台風も多くなってきている。

人間は、経験から学ぶことで、災害《さいがい》の対策《たいさく》をとってきた。新たな災害にも、十分な注意と備えが必要である。

(1) 異常な台風とはどんな台風のことですか。

（　　　　）

(2) 何の影響で反時計回りのうずになりますか。

［　　　　］の影響

(3) 熱帯性低気圧がどうなると、台風と呼ばれるようになりますか。

（　　　　）したとき。

(4) 段落《だんらく》ⒶⒷⒸⒹの内容をそれぞれまとめて小見出しをつけましょう。

Ⓐ　なぜ［　　　　］が［　　　　］のだろう。

Ⓑ　［　　］が［　　］するしくみ。

Ⓒ　これまでの［　　］。

Ⓓ　［　　　　］による［　　］に対して、［　　　　］と［　　］が必要である。

熱中しょうの原因と予防

名前

月　日

次の『熱中しょうの原因と予防』を読んで、後の問いに答えましょう。

地球温暖化《ちきゅうおんだんか》により、世界の平均気温が上《じょう》昇《しょう》しています。これは工業化が進み、便利な世の中になる一方、空気中に大量の二酸化炭素を放出したことで、㋐まるで地球が毛布に包まれたようになっているからです。

このことで、一番身近に感じることが熱中しょうの危険《きけん》でしょう。

［㋑］、コンクリートに囲まれた都市部ではヒートアイランド現象と、エアコンからの放熱が増えたことで、㋒体で感じる気温が天気予報より高くなっています。

［㋓］、熱中しょうでたおれ、死亡者《しぼうしゃ》が出るなどの問題になっています。

本来人間は、全身の皮ふから大量のあせを出すことで、体温調節をすることができる機能をもっています。

ところが、急な気温の上昇・変化に、体温の調節が追いつかないと熱中しょうになってしまうようです。

暑い夏は、ぼうしや日がさを活用し、なるべく日かげを歩くことが予防になります。ときには、外出をとりやめることも必要でしょう。

体に異常《いじょう》を感じたときはすぐに水分をとり、首元などを冷やすことが大事です。

最優先《さいゆうせん》すべきは、命を守ることです。

※ヒートアイランド現象……自然の少ない都市部で、コンクリートなどに熱がたまり、気温が上昇すること。

(1) ㋐とありますが、その原因は何ですか。

（　　　　）

(2) ㋑㋓にあてはまる言葉を［　］から選んで書きましょう。

まず　そのため　しかし　そのうえ

㋑（　　　　）　㋓（　　　　）

(3) ㋒体で感じる気温が高くなるのはなぜですか。

（　　　　）

(4) 人間はどのようにして体温を下げていますか。

（　　　　）

(5) 熱中しょうは、どんなときになりますか。

（　　　　）に

（　　　　）が

（　　　　）ときになる。

(6) 体に異常を感じたときにすることを二つ書きましょう。

・（　　　　）

・（　　　　）

自然エネルギー「地熱発電」

名前　　　　月　　日

次の『自然エネルギー「地熱発電」』を読んで、後の問いに答えましょう。

国連では㋐「温暖《おんだん》化《か》対策《たいさく》」として、二酸化炭素の排出量《はいしゅつりょう》を減らし、平均気温の上昇《じょうしょう》をおさえようとパリ協定が結ばれた。

日本でも気候変動によるひ害に直面し、それを進めていくことが求められている。㋑解決策として、二酸化炭素をたくさん出す石炭・石油火力発電を止め、自然エネルギー発電に変えることがあげられる。

その一つに、㋒地熱発電がある。

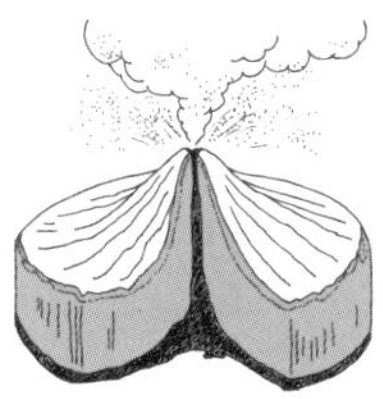

日本は火山大国で、地下にはマグマという巨《きょ》大《だい》な熱エネルギーがたまっている。そのため、各地に温泉《おんせん》や高温の水蒸気《すいじょうき》がふきだしている景色が多いのだ。

この発電は、蒸気で発電機のタービン※を回して発電するが、それにはいくつか方法がある。

①熱水が出る地層《ちそう》に井戸をほり、水蒸気を取り出す方法。（使いおえた水は地下に流す）

②すでにある温泉用の井戸を利用して水蒸気を取り出す方法。（今ある温泉し設に発電用の設備をつけるだけですむ）

とり出した熱水の温度が低い場合でも、水より低い温度でも蒸気になる物質を入れてふっとうさせ、発電することもできる。

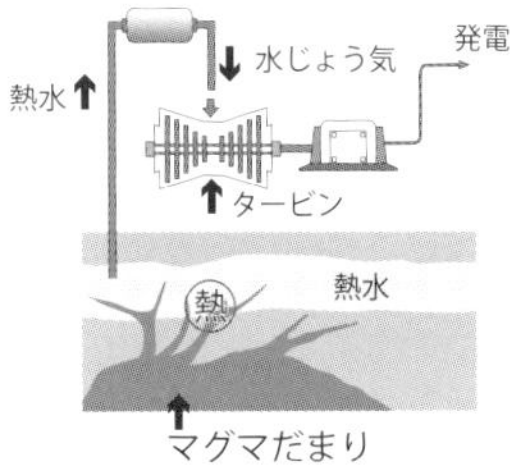

これらの発電の㋓良いところは年中、昼夜関係なく、発電できるということ。

㋔問題点は、適した場所が国立公園などで、調査・建設に費用と時間がかかることだ。

このような問題点は解決し、取り組みを一層進めるべきだと考える。

※タービン…発電機内の蒸気で回す羽根のこと。

(1) 国連では、㋐「温暖化対策」として、何をしようと話されていますか。

（　　　　　　）

(2) 日本の㋑解決策としては、何から何に変えると言っていますか。

（　　　　　　）から、（　　　　　　）に変える。

(3) ㋒地熱発電は、何の自然エネルギーを利用していますか。

（　　　　　　）

(4) 地熱発電の具体的な方法二つに線を引きましょう。

(5) この発電の㋓良いところを書きましょう。

（　　　　　　）

(6) この発電の㋔問題点を書きましょう。

（　　　　　　）

秋の味覚の危機！

名前　　　月　　日

次の『秋の味覚の危機《きき》！』を読んで、後の問いに答えましょう。

二〇一九年、秋の味覚「サンマ」に危機《きき》が訪《おとず》れている。

漁獲量《ぎょかくりょう》の減少が止まらないのだ。その量は、十年前の八分の一程度にまで落ちこんでいるとも言われる。

㋐サンマは、北太平洋に広く生息し、日本近海からアメリカやメキシコの沿岸《えんがん》辺りをめぐる回遊魚である。

例年、夏から秋にかけて、太平洋北部の公海から、一部の群れが北海道近くまで産卵《さんらん》のために㋑南下してくる。

Ⓐ、近年その場所が東にずれ、㋒日本近海に来るサンマが減っているという。

そのうえ、冷凍庫《れいとうこ》を備えた大型の外国漁船が公海上での漁を増やしていることもあり、日本漁船も公海上まで出るようになってきている。〇才魚や一才魚でもお構いなしにとるのだ。

回遊コースの変化や関係国の乱獲《らんかく》でサンマが減ると子が生まれず、資源量《しげんりょう》そのものの減少につながると㋓危機感がもたれている。

Ⓑ、北太平洋漁業委員会（関係国）は、サンマ漁に漁獲制限《ぎょかくせいげん》を導入《どうにゅう》することで合意した。だが、このままでは市民の口からサンマが遠のくばかりでなく、沿岸漁業者の生活もあやうくなる。

一刻《いっこく》も早く㋔資源の回復を図らなければならない。

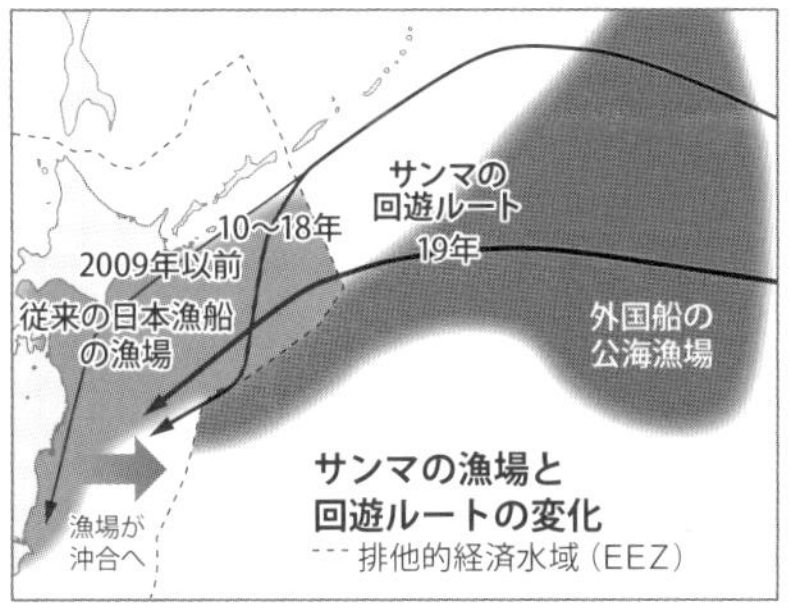

サンマの漁場と回遊ルートの変化
--- 排他的経済水域（EEZ）

(1) ㋐は、どの辺りを回遊していますか。

（　　　　　　　　）

(2) サンマが日本近海まで㋑南下してくる理由を簡単《かんたん》に書きましょう。

（　　　　　　　　）のため

(3) ㋒の理由は何ですか。

□□□□□に□□してくる□□が□にずれたから。

(4) 日本がもつ㋓の理由を二つ書きましょう。

・（　　　　　　　　）

・（　　　　　　　　）

(5) ⒶⒷにあてはまる言葉を□から選んで書きましょう。

そこで　だが　そのうえ　また

Ⓐ（　　　　）　Ⓑ（　　　　）

(6) ㋔をしなければならないのはなぜですか。

（　　　　　　　　）

プラスチックのリサイクル

名前

月　日

次の『プラスチックのリサイクル』を読んで、後の問いに答えましょう。

Ⓐ　ペットボトルの原料は、石油から作られるプラスチックの一種です。

昔はそのまま捨《す》てられていましたが、もう一度とかして固めればいろいろな製品に作り変えることができます。

㋐集められたペットボトルは、まずリサイクル工場で使えるものと、使えないものにより分けます。

Ⓑ　あなたは、お茶やジュースなどを飲み終えた後の空のペットボトルをどうしていますか。

最近では、リサイクルのために分別回収《ぶんべつかいしゅう》されていますが、その先はどうなっているのでしょう。

Ⓒ　㋑近年、海にすむ生物がプラスチックごみを食べて死んでしまうなどの、海洋プラスチックごみ問題が大きく取り上げられています。

一人ひとりの行動でプラスチックを環境《かんきょう》悪化《あっか》のごみとするか、リサイクルを考えた資《し》源《げん》ごみとするか、㋒この差が大きいのです。

Ⓓ　続いて㋓細かくくだいて、フレークやペレットと呼《よ》ばれる小さなかけらにします。このかけらが再びいろいろな製品の原料になります。

下じきや定規《じょうぎ》のような文ぼう具になったり、㋔細い糸にしてシャツやカーペットなどの生活用品にもなります。

その他、たまごパックやプラスチック容器にもなります。

(1)　㋐の原料は、元々何ですか。

（　　　　）

(2)　㋐は、リサイクル工場でまずどうされますか。

（　　　　）

(3)　㋑近年どんなことが問題になっていますか。

（　　　　）

(4)　㋒とは何のことですか。

プラスチックを（　　　　）とするか、（　　　　）とするか。

(5)　㋓をした後に何になりますか。本文に線を引きましょう。

(6)　㋔細い糸にした後に何を作りますか。

（　　　　）

(7)　Ⓐ、Ⓑ、Ⓒ、Ⓓの段落《だんらく》を正しい順にならべましょう。

□ → □ → □ → □

日本の誇れる「ウナギの完全養しょく」

名前

月　日

次の『日本の誇《ほこ》れる「ウナギの完全養しょく」』を読んで、後の問いに答えましょう。

二〇一九年、世界初の「完全養しょくウナギの誕生《たんじょう》」と、水産総合研究センターから㋐発表があった。

多くの日本人が好む天然ウナギは、遠く南方のフィリピン沖で産卵《さんらん》する。

生後間もない赤ちゃんウナギ（レプトセファルス）は、ごく小さな葉っぱのような形で、海流に乗って台湾《たいわん》や日本の近海までやって来る。ここに来るころには、五センチメートルほどのシラスウナギになっていて、エビやカニの赤ちゃんなどを食べている。そして、日本の川を逆上るころには、七～十センチメートルの子ウナギとなり、エビ・カニ、カエル、小魚などをどん欲《よく》に食べてどんどん大きくなる。

これが自然に育つ天然ウナギである。近年私たちが食べているウナギは養しょくものと言って、シラスウナギのときにつかまえ、㋑養しょく池で栄養たっぷりのエサで育てたものだ。

近年ではこのシラスウナギを他国もとるようになった。さらに希少となったウナギを守るための研究が一九六〇年代から日本で始められた。養しょくするうえで三つのことを研究した。

①親ウナギに産卵させる。

②赤ちゃんウナギ（レプトセファルス）にかえして育てる。

③シラスウナギを養しょく池で育てる。

この研究で特に②のレプトセファルスのときのエサの解明に時間がかかった。そして、㋒約六十年間かけた研究がようやく実を結んだ。まだ実験段階《じっけんだんかい》ではあるが、完全養しょくでも、今流通しているウナギと味もほとんど変わらないそうだ。

ただ、一ぴきの値段《ねだん》が五千円をこえてしまうという。まだまだ㋓市民が口にするまでには、時間がかかりそうだ。

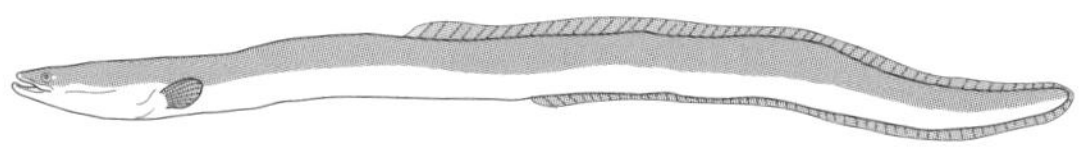

(1) ㋐は、何の発表がありましたか。

（　　　　）

(2) ウナギが日本の近海にやってくるまでの様子について書きましょう。

① 産卵場所

（　　　　）

② 赤ちゃんウナギ（レプトセファルス）の形

（　　　　）

(3) ㋑養しょく池とは何をするところですか。本文に線を引きましょう。

(4) ㋒約六十年間かけた研究とは、どんな研究ですか。三つ書きましょう。

・（　　　　）

・（　　　　）

・（　　　　）

(5) ㋓市民が口にするまでには、時間がかかりそうというのは、なぜですか。

（　　　　）

変化するイヌの役割

名前　　　　　　月　　日

次の『変化するイヌの役割《やくわり》』を読んで、後の問いに答えましょう。

今から二～三万年前、人間がまだ「狩《か》りと採集」を中心とした生活をしていたころ。野生のオオカミの子どもを飼い慣《な》らして家畜《かちく》とした子孫が、㋐今のイヌと考えられています。

日本には、東アジアからウマ、ウシ、ネコなどとともに入ってきて、縄文時代《じょうもんじだい》には、縄文犬とよばれるイヌがいたようです。

イヌは、人間との長い付き合《く》いの中で多くの種類が生まれ、現在では人間の暮らしに欠くことのできない存在《そんざい》となっています。

たとえば、ヒツジなどの家畜をおそう側のオオカミであったイヌが、人間の住居を見張る番犬となり、ヒツジやウシの世話をする㋑牧羊犬になったのです。かしこいコリーやシェパードがそうです。

においをかぎつけるすぐれた能力で、警察《けいさつ》のそう査を助けるシェパードやドーベルマンなどは㋒警察犬にもなっています。

身体に障《しょう》がいがあり、生活が不自由な人の手助けをする盲導犬《もうどうけん》や介助犬《かいじょけん》なども増えています。主にラブラドール・レトリバーなどのかしこい大型犬です。交差点の信号を見分けたり、たくさんの言葉を理解して生活を助けています。

ペットとして人に寄りそい、心をいやすチワワやトイ・プードルなどの可愛《かわい》い小型犬も人気で、家族と同じように大切にされています。

このようにイヌたちは、時代ごとにいつも人間に寄りそってきたことでさまざまな役割を得てきました。

次に、イヌの役割がどう変化するのかが楽しみです。

(1) ㋐は、人間がどんな生活をしていた時代に家畜になった子孫と考えられていますか。

□□□□□□□ の生活

(2) ㋑は、どんなことをするイヌですか。

（　　　　　　　　）

(3) ㋒は、どんな能力があるイヌですか。

（　　　　　　　　）

(4) 盲導犬や介助犬は、どんな能力で生活を助けてくれますか。

・（　　　　　　　　）

・（　　　　　　　　）

(5) 小型犬などは人間に寄りそい、何になりましたか。

□□

(6) この文章に別の題をつけるならどれがふさわしいですか。○をつけましょう。

① （　） 能力の高いイヌたち

② （　） イヌは、オオカミの子孫

③ （　） いつも人間に寄りそったイヌ

二分間スピーチ「私の中の縄文人」

名前

月　日

次の『二分間スピーチ「私《わたし》の中の縄文人《じょうもんじん》」』を読んで、後の問いに答えましょう。

縄文時代は「狩《か》りと採集の時代」という、少し原始的なイメージを私はもっていました。ただ、最新の調査・研究で文化的な面がたくさんあることがわかったようなので、このことについてお話しいたします。

Ⓐ　まず、定住にはほど遠い転々と移動する暮《く》らしの石器人とはちがい、縄文人は自然をよく理解して、狩りや採集をしていました。

たとえば、春はハマグリの潮干《しおひ》狩《が》りや山菜つみ。秋はサケの川のぼりを待ち、冬前には保存食《ほぞんしょく》をためていたのです。特におどろいたのは、いつどこで手に入るのかがわかる食料カレンダーを作っていたとされることです。

Ⓑ　また、土器などの道具を作ることで、生活《せいかつ》改善《かいぜん》もしていました。

土器には、魚やドングリの保存用や、煮《に》炊《た》きなどの調理用がありました。

魚からは魚油を取り、料理や明かりなどにも利用していたようです。

Ⓒ　保存食として、サケやマスなどを加工し、大豆などの豆類は粉状にしていました。

そして、大豆などは、より大きなものから種を作り、育てようともしていたようです。

Ⓓ　これらのことから広はん囲での移動が減り、より定住に近い安定した暮らしをしていたようです。この三内丸山《さんないまるやま》遺跡《いせき》（青森県）の復元図を見ても、縄文人の文化の高さが想像できます。

古い知識だけでなく、新しい知識を得ることが大切であり、「私の中の縄文人」を新たにできました。

(1)　Ⓐ段落《だんらく》で、縄文人が季節を考えた暮らしができたのはなぜですか。

（　　　　）して、

（　　　　）を作っていたから。

(2)　Ⓑ段落で、中心になる文に線を引きましょう。

(3)　Ⓒ段落で、大豆などの豆類はどのようにしていましたか。二つ書きましょう。

・（　　　　）

・（　　　　）

(4)　Ⓓ段落で、縄文人がどのような生活をしていたかがわかる文に線を引きましょう。

(5)　Ⓐ～Ⓓ段落で、特に彼らの文化の高さがわかる言葉があります。それら重要な言葉で各段落の小見出しを作りましょう。

Ⓐ（　　　　）

Ⓑ（　　　　）

Ⓒ（　　　　）

Ⓓ（　　　　）

(6)　筆者の主張が書かれているのは、どこですか。文中からぬき出しましょう。

（　　　　）

思いをつなぐ「シグナル」グッズ

名前

月　日

次の『思いをつなぐ「シグナル」グッズ』を読んで、後の問いに答えましょう。

「お困《こま》りの方に気がつきましたら、一言『お手伝いできることはありませんか』とお声かけください。」

これは、駅の構内アナウンスで、人々に助け合いをすすめているものです。が、現実にはいかがでしょうか。

もちろん、つえや車いすの使用者、高れい者などはわかりやすく、わりあい㋐声をかけやすいでしょう。

ですが、外見ではわからない問題をかかえた方やにん婦《ぷ》さんはわかりづらく「もし、ちがっていたら……。」と思うと、気持ちが一歩引けてしまうことも多いのではと思います。

また、そういった方々も自分から「助けてほしい」とは言いづらいものです。

そんな思いを助ける㋑シグナルグッズがあります。

外見ではわからない問題をかかえた方の赤地に白十字と白いハートがかかれた「ヘルプマーク」、にん婦さんの「マタニティマーク」です。見たことがあるでしょうか。

［ウ］、「シグナル」を出せていない人にも「何かしてあげたい」と考えていても、素直に気持ちを出せずにいる人もいると思います。

そんな人向けに、お手伝《てつだ》い券型《けんがた》の『お手伝いできます』マーク」のようなものがあればどうでしょう。シグナルグッズでたがいの気持ちが表れ、席のゆずり合いなどもよりスムーズになるのではないでしょうか。

㋓このような取り組みが大いに広がることで、グッズがなくとも自然に助け合いが進むことを、期待します。

(1) この文章は、何をすすめているアナウンスから始まりますか。

（　　　　）アナウンス

(2) ㋐声をかけやすいのは、どんな人ですか。

（　　　　）（　　　　）

(3) ㋑にはどんなものがありますか。

（　　　　）（　　　　）

(4) ［ウ］にあてはまる言葉を［　］から選んで書きましょう。

［そして　だから　しかし］

（　　　　）

(5) ㋓このような取り組みとは何のことですか。

［　　　　　　　］の取り組み

(6) 筆者が本当にのぞんでいることは、何ですか。

（　　　　）

近江の牛を焼いてみれば、文明開化の音がする

名前

月　日

次の『近江《おうみ》の牛《うし》を焼いてみれば、文明開化の音がする』を読んで、後の問いに答えましょう。

日本では、七世紀ごろから時の天皇がたびたび肉食禁止令を出していました。㋐これは、野生の鹿や猪《いのしし》などはふくまれず、農耕用の家畜《かちく》を守るために出されていたと言われています。

しかし、それからというもの日本人は、長年にわたり農作物を主食とし、肉食自体をあまりしなくなっていました。

史実では、豊臣秀吉《とよとみひでよし》が小田原《おだわら》攻めの際、家来に牛肉をふるまったという記録が残っています。また、江戸時代には、幕府《ばくふ》の譜代大名《ふだいだいみょう》であった㋑彦根藩《ひこねはん》が、武具用の牛革《ぎゅうかわ》の製造を任されており、牛肉の取りあつかいも例外的に許されていました。

㋒将軍《しょうぐん》に献上《けんじょう》する、肉のみそづけや干《ほ》し肉《にく》もあつかっていたそうです。

その後、明治時代の文明開化で、西洋の食生活を見聞きした福沢諭吉《ふくざわゆきち》などが、すき焼きなどでの肉食を広めました。そこから、日本人や外国人向けに多くの㋓牛肉が求められるようになりました。

そこで、以前から牛肉を取りあつかっていた近江商人は牛を集め、食用の畜産《ちくさん》に力を入れだしました。

近江米のおいしい稲《いな》わらや鈴鹿山脈《すずかさんみゃく》からのおいしい水、十分なすいみんがあたえられ、おだやかに育てられた牛たちは、とてもおいしくて評判になりました。

そうして、㋔ブランド肉「近江牛」が生まれたのです。

現在、この近江牛と神戸牛、松阪牛は三大和牛と呼《よ》ばれ、大変な人気を博しています。

(1) ㋐これはとは、何のことですか。

（　　　　）

(2) ㋑彦根藩で、牛肉の取りあつかいが許されていたのは、なぜですか。

（　　　　）

(3) ㋒将軍には、どんな品を献上していましたか。

（　　　　）

(4) 明治時代に食用として㋓牛肉が求められるようになった理由がわかる文に線を引きましょう。

(5) ㋔ブランド肉「近江牛」は、何をあたえられておだやかに育てられましたか。

・（　　　　）
・（　　　　）
・（　　　　）

(6) 近江牛、神戸牛、松阪牛をまとめて何と呼んでいますか。

□□□□

海水で分解される「新プラスチック」

名前

月　日

次の『海水で分解される「新プラスチック」』を読んで、後の問いに答えましょう。

Ⓐ　「死んだクジラの胃《い》からポリ袋《ぶくろ》」、「ジュゴンの赤ちゃんがプラスチックごみを飲んで死んだ」など、人間の捨《す》てたプラスチックごみによって、多くの海洋生物の生命がおびやかされている。

Ⓑ　今や、世界中に広まっているプラスチック製品。

しかし、プラスチックは自然にかえりにくく、海に流れ出した物は、日光の熱や紫外線《しがいせん》を長時間受けてようやく細かなつぶ（マイクロプラスチック）に変化するが、つぶは残ってしまう。

それを魚などが口にして、生物界全体にも悪影響《あくえいきょう》をおよぼしているのだ。

Ⓒ　現在、㋐この問題の対策《たいさく》として、プラスチック容器のリサイクル・リユース方法や、製品数の制限・さく減などの案が話し合われている。

近年の日本でのレジ袋の有料化やストローの紙製品化などは、これらの影響なのだ。

国の発展《はってん》のみならず、地球を守っていく考え方に変化するよう求められている。

Ⓓ　地球の未来が問われている中、ここ日本から㋑この問題を解決に向かわせる大きな一歩、「海水で分解される『新プラスチック』」を大学の研究機関が発表したのである。

材料にキャッサバイモのデンプンと、紙の原料のセルロースを用い、熱を加えてシート状に加工して容器にする。この容器であれば、海水につけると、約一カ月でぼろぼろになって分解されるのだ。

この技術が実用化されれば、環境《かんきょう》破壊《はかい》を止める一つの助けになる。

(1)　Ⓐの段落《だんらく》では、どんなことについて書かれていますか。

(2)　Ⓑの段落で、海に流れ出したプラスチックが、どのようにして細かなつぶに変化していくかわかる文に線を引きましょう。

(3)　㋐この問題の対策として話し合われていることを二つ書きましょう。

(4)　㋐のことから影響を受けて日本で始まった取り組みを二つ書きましょう。

(5)　㋑は、何のことですか。

(6)　(5)の原料を二つ書きましょう。

(7)　(5)が注目されているのはなぜですか。

義経伝説《よしつねでんせつ》

名前

月　日

次の『義経伝説《よしつねでんせつ》』を読んで、後の問いに答えましょう。

　源《みなもとの》義経《よしつね》の幼名《ようみょう》は牛若丸《うしわかまる》と言い、弁慶《べんけい》と戦った「五条大橋《ごじょうおおはし》の勝負」のような㋐有名な伝説がたくさんあります。

　元服《げんぷく》（成人）して義経を名乗り、平氏と戦っていく中でもいくつもの伝説が生まれました。

　㋑二十二才となった義経は、鎌倉《かまくら》で兵を挙げた兄の頼朝《よりとも》と力をあわせ、源氏《げんじ》が平氏をたおすための戦いを始めました。

　まず、源氏軍が京の都から追い出していた平氏を、現在の兵庫県の神戸の辺りまで追いかけて行きました。平氏軍は、谷の深い六甲山《ろっこうざん》を背《せ》にし、海に正面を向けて陣《じん》どるという、守りの固い陣でした。

　そこで義経は、㋒すきをつき、平氏軍の後ろの山上から馬七十騎でがけをかけおりて攻《せ》め、混《こん》乱《らん》した平氏を打ち負かしました。

　これが、世に言う「一《いち》の谷《たに》の戦《たたか》い」です。

「がけを鹿《しか》が通るなら、馬も通る」

と言った言葉が、㋓とても有名です。

　つづく瀬戸内海《せとないかい》の、「屋島《やしま》の戦い（香川県）」を経《へ》て、最後には「壇ノ浦《だんのうら》の戦い」で、平氏を追いつめ、義経は平氏を滅《ほろ》ぼし、ついに源平《げんぺい》の戦いをおわらせたのです。このとき、「重いよろいかぶとを身につけた義経が、次々と八そうの舟をとんで戦った」という㋔伝説があります。

　義経の活やくはすさまじいものだと伝えられています。

(1)　牛若丸時代の㋐有名な伝説は何と言いますか。

(2)　㋑二十二才となった義経は何を始めましたか。

（　　　　　　）

(3)　義経がまず平氏にしたことは何ですか。

（　　　　　　）

(4)　相手の㋒すきをつきとは、どこから攻めましたか。

（　　　　　　）

(5)　㋓とても有名とは、何のことですか。

（　　　　　　）

(6)　そのときの㋔伝説とはどんな内容ですか。要約して書きましょう。

義経が、（　　　　　　）を

（　　　　　　）

（　　　　　　）。

風雲児「織田信長」

名前

月　日

次の『風雲児「織田信長《おだのぶなが》」』を読んで、後の問いに答えましょう。

　全国の大名が天下統一を目指した㋐戦国の世。弱小国の尾張《おわり》（今の愛知県）に生まれた織田信長は、周囲の国や自らの家来から、㋑わざと「う※つけ者」と思われるよう行動していた。

　これにより、信用できる家来を見つけようとしたのだ。また、敵に自分のことをあまく見せて、大国の今川家を桶狭間《おけはざま》の戦《たたか》いで奇しゅうし、たおすことにも成功《せいこう》した。

　こうした深い考えをもつ信長は、多方面に目を向け、世を変革《へんかく》する数少ない武将だった。

　その変革の一つに、鉄砲《てっぽう》がある。いち早く量産に成功し、当時最強の武田軍を織田・徳川《とくがわ》連合軍の鉄砲隊が打ち破ったことで、㋒その強さを天下に見せつけたのだ。

　変革には、㋓産業や商業の発展《はってん》もあった。

　今まで常識だった道を通る人から税を取る関所をなくし、商人が自由に行き来できるようにしたのだ。これにより、多くの品物が広まるようになった。そのうえ、安土《あづち》（滋賀県）では、税を取らずにだれでも自由に商《あきな》いができる楽市《らくいち》楽座《らくざ》をつくったのだ。

　また、商人の町である㋔大阪の堺《さかい》を領地としたことで、外国との貿易がさらに産業を発展させた。鉄砲を造る職人も、ここで育てたのだ。

　文化面でも、茶の湯や能のような文化を広め、キリスト教の布教も認《みと》めた。

　これだけ変革をおしすすめた信長だが、天下統一を目前にして、「本能寺《ほんのうじ》の変《へん》」が起こり、家来の明智光秀《あけちみつひで》に㋕夢を絶たれてしまうのである。

※風雲児……社会の変動期に英雄《えいゆう》とされている人物。
※うつけ者……馬鹿者《ばかもの》。

(1) 信長が「うつけ者」などとよばれて生きていた㋐戦国の世は、どのような時代ですか。

（　　　　）時代

(2) ㋑わざと「うつけ者」と思われるよう行動していたのは、なぜですか。二つ書きましょう。

・（　　　　）
・（　　　　）

(3) ㋒そのとは、何のことですか。

（　　　　）

(4) ㋓のために、何をしましたか。

・（　　　　）
・（　　　　）

(5) ㋔をして、何を育てましたか。

（　　　　）

(6) 文化面では何を広め、何を認めましたか。

（　　　　）を広め、（　　　　）や（　　　　）も認めた。

(7) 信長はだれに㋕夢を絶たれてしまいましたか。

（　　　　）

準備が勝敗を分けた、長篠の戦い

名前

月　日

次の『準備が勝敗を分けた、長篠《ながしの》の戦《たたか》い』を読んで、後の問いに答えましょう。

戦国の世、武田《たけだ》家は大名《だいみょう》の信玄《しんげん》が京への行軍中に病死し、息子の勝頼《かつより》がそのあとをついでいた。

そこへ、足利将軍《あしかがしょうぐん》が武田家をたより、勝頼は父のためにも、㋐京への進軍を決める。

一方、織田信長《おだのぶなが》は付近の敵《てき》をたおし、信玄のいなくなった武田家に目を向けていた。

一五七五年、勝頼は通り道にある、徳川《とくがわ》家の㋑長篠城を攻《せ》めた。徳川家康《いえやす》は、信長と連合軍を結成し、急ぎ長篠城にかけつけた。

織田・徳川連合軍は、三万。武田軍は、騎馬《きば》隊《たい》を中心とした一万八千であった。

数では負ける勝頼だが、当時無敵と呼《よ》ばれた騎馬隊をもっていたのだ。

反対に数で勝る信長だが、㋒準備をおこたらず、騎馬隊を足止めする防馬さくと三千丁の鉄《てっ》砲《ぽう》を使った新戦術を考えていた。

朝もやが消えはじめるころ、武田の騎馬隊が攻めよせてくる。

㋓、防馬さくの内側の織田・徳川軍はどっしりと待ち構えている。近づく騎馬隊が防馬さくでひるむと合図の音がひびく。

鉄砲の音がする。最前列がうたれるも武田軍はとつげきをくり返す。が、矢つぎ早に鳴る鉄砲の音。織田の鉄砲隊は横三列になって交代でうち続けた。

前列がうつと後列に下がり、中列・後列はたまをこめながら前列へ進む。この㋔三段《さんだん》うち戦術は、今まで弱点であった鉄砲をうつまでの時間を短くする、新戦術だった。

無敵と呼《よ》ばれた武田軍は、大敗。天下無敵という名声を失ってしまった。

(1) 勝頼が京へと㋐進軍した理由を書きましょう。

（　　　）、（　　　）。

(2) ㋑長篠城は、だれの領地ですか。

（　　　）

(3) 信長が㋒準備していたことを二つ書きましょう。

（　　　）（　　　）

(4) この戦いが始まった時間帯は、いつごろでしたか。

（　　　）

(5) ㋓にあてはまる言葉を□から選んで書きましょう。

しかし　そこで　そして　だから

（　　　）

(6) ㋔とは、どんな戦術ですか。

（　　　）

(7) 勝頼が失ってしまったものは、何ですか。

「日本初の測量地図」　伊能忠敬

名前

月　日

次の『「日本初の測量地図」　伊能忠敬《いのうただたか》』を読んで、後の問いに答えましょう。

㋐伊能忠敬は江戸《えど》時代《じだい》に、初めて正式に測量した日本地図を作った人です。

元は船問屋《ふなどんや》の商人でしたが、本をよく読んで多くのことを勉強していました。

㋑五十歳《さい》のとき、自分より三十歳も若い天文学者に弟子《でし》入りし、一八〇〇年の五十五歳から日本地図を作り始めました。

この時代の平均寿命《じゅみょう》が四十歳台。忠敬のおどろくべき元気さがわかります。

㋒一回目の測量は、北海道の地図作りでした。

息子、弟子、下男六人と、測量器具を運ぶ人《にん》足《そく》三人、馬二頭での旅でした。

しかし、この時代の測量は、方位磁石《ほういじしゃく》で方角を確かめ、次々と打ち並《なら》べたくいからくいまでの間のきょりを歩数で測るという手間のかかるものでした。

一日に進めるきょりは約八キロメートル。多くの費用と労力をつかい、㋓ほぼ一年がかりでこの地図を作り上げました。

㋔二回目は伊豆半島《いずはんとう》から、東日本の海岸部の地図です。このときから、少し工夫《くふう》した一・八メートルの印をつけた縄《なわ》を使って測りましたが、それでも一年がかりでした。

このような作業での全日本地図作りは十回を数え、㋕総きょりは地球一周に等しい、約四万キロメートルにもなりました。

ところが忠敬は、残りわずかというところ、志半ばで亡くなりました。七十二歳でした。

一八一八年、弟子たちの手で、この㋖全日本伊能地図は完成したのです。

(1) ㋐伊能忠敬は、いつの時代に、何をした人ですか。

（　　　）

(2) ㋑五十歳のときに、どうしましたか。

（　　　）

(3) ㋒一回目の測量はどのようにして測りましたか。文中に線を引きましょう。

(4) ㋓は、どこの地図のことですか。

（　　　）

(5) ㋔二回目は、どこの地図を作りましたか。また、道具はどんな工夫をしましたか。

どこ（　　　）

工夫（　　　）

(6) ㋕総きょりは、どのくらいでしたか。

（　　　）

(7) ㋖全日本伊能地図は、いつ、だれが完成させましたか。

いつ（　　　）

だれ（　　　）

明治の文豪「夏目漱石」

名前

月　日

次の『明治の文豪《ぶんごう》「夏目漱石《なつめそうせき》」』を読んで、後の問いに答えましょう。

（ア）夏目漱石は、江戸《えど》から東京へと呼《よ》び名《な》が変わる時代に生きた国民的な作家です。

本名は金之助《きんのすけ》。五十歳《さい》で亡《な》くなるまでに『吾《わが》輩《はい》は猫《ねこ》である』『坊《ぼっ》ちゃん』など、たくさんの有名な作品を残しています。

東京大学を卒業後、愛媛県の松山中学をふりだしに熊本県の第五高等学校（現熊本大学）で英語教師をしていました。

その後、三年間のイギリス留学を経て、はじめて書いた小説が（イ）『吾輩は猫である』でした。

このお話は、ある一ぴきの名前もない捨《す》て猫《ねこ》の目を通して、登場人物の性格や行動などから人間のおかしさを語っています。

「猫は人間の観察が好きで、いつも人間を見ている。たとえば苦沙弥《くしゃみ》という人間は、センスがないのに、何にでも手を出して、ヴァイオリン、歌や絵描きをはじめたこともあった。」と、皮肉を入れるのです。

その後に、「ホラ話が得意な迷亭《めいてい》、長話がすぎてつまらない寒月《かんげつ》、まじめな東風《とうふう》。」などです。

また、「坊ちゃん」では松山中学のいろんな教師たちとの出合いを中心に書いています。

「教頭の赤シャツ、数学教師の山嵐《やまあらし》、英語教師のうらなり」などとあだ名で人物をしょうかいしています。（ウ）自分の体験談を一人の青年教師の目を通して描いています。

人間の暮《く》らしぶりを他にない書きっぷりで、遠りょなく笑い飛ばしています。

※ホラ話……ウソの話。

(1) （ア）夏目漱石はどんな時代の作家ですか。

（　　　）

(2) （ア）はどこで教師をしていましたか。

（　　　）

(3) （イ）『吾輩は猫である』は漱石にとってどんな小説ですか。

（　　　）

(4) （イ）の作品の登場人物を書きましょう。

・（　　　）
・（　　　）
・（　　　）
・（　　　）

(5) （ウ）自分の体験談を登場人物を通してえがいた小説の題は何ですか。

（　　　）

(6) (5)の小説では他にない書きっぷりで、人間の暮らしぶりをどのように書きましたか。

（　　　）

コロンブス「地球は丸い」

名前

月　日

次の『コロンブス「地球は丸い」』を読んで、後の問いに答えましょう。

アメリカ大陸を発見したのは、イタリア人のコロンブスだった。

小さいころから船に乗り、商品を運んでヨーロッパ各地を航海していた。

彼は仕事のかたわら、いつも天文学や地理学、航海学を(ア)勉強していた。かれは、アジアにある黄金の国（日本）に行ってみたかったのだ。

この時代、(イ)日本に行くには、アフリカ大陸の南を回って東へ進む大変な航路しかなかった。

［ウ］、コロンブスは丸い地球儀《ちきゅうぎ》を見るたび、「地球は丸い。西へ進めば、もっと早くにアジアに行ける。」と考えていた。

船を出してほしいコロンブスは地球儀を見せて、「西回りの方がアジアに近い。」と一生けん命に、国王や女王に(エ)説明を続けた。

一四九二年、かれが四十一歳《さい》のとき、ようやくスペイン女王の協力が得られた。

その年の八月、コロンブスたちは、三そうの船で命をかけて、大西洋を西へと意気ようようと出航して行ったのだ。(オ)しかし、二か月も海が続き、不安が高まった水夫《すいふ》たちは、

「もう引き返そう。」

と言い出したのだった。

それをなんとかなだめながら、進んでいると、海面にうかぶ木切れを見つけ、陸地が近いことがわかったのだ。

出港から二か月、サンタ・マリア号の水夫が、陸を見つけて大声でさけびました。

「おーい！(カ)陸が見えたぞ！」

翌朝《よくあさ》、その島に上陸し、サン・サルバトルと名づけた。後に西《にし》インド諸島《しょとう》と名付けられた島である。

そして、よく年の三月、無事にスペインまで帰り、多くの人にかんげいされたのだった。

(1) コロンブスは、なぜそんなに(ア)勉強していたのですか。

（　　　　　　）から。

(2) (イ)日本に行くには、どこを回っていましたか。

（　　　　　　）

(3) ［ウ］にあてはまる言葉を□から選んで書きましょう。

そのうえ　だから　なお　だが

（　　　　　　）

(4) だれに、何と(エ)説明を続けたのですか。

だれ（　　　　　　）

説明（　　　　　　）

(5) (オ)しかしの前文と後文で水夫の気持ちが表れている語句を書きましょう。

前文（　　　　　　）

後文（　　　　　　）

(6) 何を見て(カ)陸地が近いとわかりましたか。

（　　　　　　）

(7) コロンブスたちの航海はいつからいつまででしたか。

（　　年　　月）～（　　年　　月）

「白衣の天使」ナイチンゲール

名前

月　日

● 次の『「白衣の天使」ナイチンゲール』を読んで、後の問いに答えましょう。

一八五四年、イギリスとロシアの間で、クリミア戦争が起こりました。

「戦地には、けがをした兵士や悪いはやり病にかかって苦しんでいる兵士がたくさんいる。」

そう聞いたナイチンゲールは、すぐに仲間の看護師《かんごし》を集めて、戦地の病院へかけつけました。

㋐そこで目にした光景はひどいものでした。次々と運びこまれる病人やけが人が、ベッドがたりずに、そのあたりの床《ゆか》に続々とところがされていくのです。

㋑そんな中、看護師たちは昼も夜もなく、看護し続けていました。

しかし、病院の環境《かんきょう》は悪くなるばかりで、台所にはねずみが走り回り、トイレなども汚《よご》れたまま、㋒病気が広がるのは当たり前でした。

ナイチンゲールは、兵士を助けるためにも、まず病院をきれいにし、栄養のある食事をあたえるようにしました。

そして、一日中働き続け、けが人のために床に長時間ひざまずいて看護をしたのです。

このようにして、数々の兵士を助けたかの女は「白衣の天使」と呼《よ》ばれました。

ところが、ナイチンゲールは、

「天使とは、美しい花をさすものではなく、苦しむ者のために戦う者である。」

と、言ったのでした。

一八六〇年、かの女はすぐれた看護師に必要な知識や技能を身につけるための「ナイチンゲール看護師訓練学校」をつくったのでした。

(1) ㋐そことは、どこのことですか。

（　　　　　　　）

(2) ㋑そんな中とは、どんな中ですか。あてはまる文に線を引きましょう。

(3) (2)のような状態でも看護師たちは、何をし続けていましたか。

（　　　　　　　）

(4) ㋒と考える理由を二つ書きましょう。

・（　　　　　　　）

・（　　　　　　　）

(5) ナイチンゲールは兵士を助けるためにしたことを二つ書きましょう。

・（　　　　　　　）

・（　　　　　　　）

(6) かの女が「白衣の天使」と呼ばれた一番の理由を書きましょう。

（　　　　　　　）

「発明王」エジソン

名前

月　日

次の『「発明王」エジソン』を読んで、後の問いに答えましょう。

Ⓐ　㋐少年時代のエジソンは、大変な知りたがり屋だった。不思議に思うと、親や教師に「なぜ、なぜ?」と、質問をくり返した。

エジソンは学校にあわず、わずか三か月で小学校をやめることに。そんな彼《かれ》を母親は認《みと》めてくれ、家で自分の好きな実験を続けることができた。

Ⓑ　エジソン、十七歳《さい》のころ。電信技士※として、一時間に一回だけ、信号を送る仕事をしていた。しかし、そんな仕事にたいくつした彼は、㋑時計を使って自動的に信号を送る機械を発明してしまったのだ。

一八七七年。㋒三十歳になると、何度も失敗した後に、歌声を録音し、その音を再生する「ちく音機」の発明に成功する。

彼の作ったちく音機から歌声が流れだすと、歌好きなアメリカ人たちはおどろき、「話す機械だ」と絶賛した。

Ⓒ　「人々の役に立つものを。」と㋓いつも考えていたエジソンは、確かな電灯づくりを始めた。

このころは、石油ランプやガス灯が主で、まだ灯《あか》りとしては不安定なものだったのだ。

白熱電球もすでに発明されていたが、中のフィラメントがすぐに焼けてしまう、役に立たないものだった。

エジソンはねる時間もおしんでフィラメント作りにはげんだ。

そしてついに、京都の竹を材料に使うなどの工夫《くふう》をして、長持ちする白熱電球作りに成功したのだ。

Ⓓ　エジソンの名言に「天才とは、一%のひらめきと九十九%の努力である。」がある。ひらめきだけではなしえない、大変な努力があったから、彼は「発明王」になれたのだ。

※電信技士……電気を使った通信をする技術者

(1) ㋐少年時代のエジソンは、どんな子どもでしたか。

（　　　　）で、（　　　　）

(2) ㋑の発明をしたきっかけは、何でしたか。

（　　　　）

(3) ㋒三十歳では、何という機械を発明しましたか。

（　　　　）

(4) エジソンが発明するときに、㋓いつも考えていたことは、何ですか。

(5) Ⓒの段落《だんらく》に、小見出しをつけましょう。

(6) エジソンが「発明王」になれたのは、何があったからですか。

（　　　　）

「弾ける楽器」として遺すこと

名前

月　日

次の『「弾ける楽器」として遺《のこ》すこと』を読んで、後の問いに答えましょう。

奈良時代に建てられた正倉院の宝物殿《ほうもつでん》に「(ア)琵《び》琶《わ》」が納《おさ》められています。

この楽器は、三味線《しゃみせん》やギターのように弦《げん》を弾《ひ》いて音を出す楽器です。形は、だ円形をしていて、果物《くだもの》の琵琶に似ていることからこの名前がついたと言われています。西南アジアのペルシアから、中国を通って、日本に伝わってきたものです。

この楽器は、型がなく、職人が一本一本、ノコギリやカンナで手作りしており、一本たりとも、同じものが存在《そんざい》しないことから「(イ)芸術作品」と言われています。

現在、琵琶を制作・修復できる職人が大変少なくなっています。(ウ)その中の一人が七十三歳《さい》のイタリア人だというのだから、おどろきです。かれは、元々ギター奏者《そうしゃ》で日本に移り住んだとき、ラジオで耳にした琵琶の音がモダンに聴《き》こえ、そのとりこになったのだそうです。その後、福岡の琵琶職人の弟子になりました。師しょうが亡《な》くなり、(エ)琵琶の修復などはかれが引き受けています。修復は、部品が複雑なことや、古い琵琶のよい音になじむよう古い木材を使うなど、気をつけることがたくさんあって大変だと言います。

そんなかれが、琵琶の制作・修復技術を伝えていくための「琵琶館」建設を計画しています。制作のみならず、演奏や歴史《れきし》についても学べる場にするそうです。伝統を守るための(オ)その挑戦《ちょうせん》に感謝してやみません。

(1) (ア)「琵琶」とは、何ですか。

□□

(2) (ア)「琵琶」とは、どんな形をしていますか。

（　　　　　　　　）

(3) 琵琶が(イ)「芸術作品」と言われているのは、なぜですか。

（　　　　　　　　）

(4) (ウ)その中の一人とありますが、この人が琵琶職人になったきっかけは何ですか。あてはまる文の初めとおわりの五文字をそれぞれ書きましょう。

□□□□□ 〜 □□□□□。

(5) (エ)琵琶の修復で大変なことにどんなことがありますか。二つ書きましょう。

・（　　　　　　　　）

・（　　　　　　　　）

(6) (オ)その挑戦とは何をすることですか。文中に線を引きましょう。

ヨダカの星

名前

月　日

次の『ヨダカの星』を読んで、後の問いに答えましょう。

おお、ヨダカでないふつうのタカならば、こんな生はんかの小さい鳥は、もう名前を聞いただけでも、ぶるぶるふるえて、顔色を変えて、体をちぢめて、木の葉のかげにでもかくれたでしょう。

[㋐]、ヨダカは、本当はタカの兄弟でも親類でもありませんでした。かえって、ヨダカは、あの美しいカワセミや、鳥の中の宝石のようなハチスズメの兄さんでした。

ハチスズメは花のみつを食べ、カワセミはお魚を食べ、ヨダカは羽虫をとって食べるのでした。

それにヨダカには、するどいつめもするどいくちばしもありませんでしたから、どんなに弱い鳥でも、こわがるはずはなかったのです。

それなら、㋑タカという名がついたことは不思議なようですが、これは、一つは、ヨダカの羽がむやみに強くて、風を切ってかけるときなどは、まるでタカのように見えたことと、も一つは鳴き声がするどくて、やはりどこかタカに似ていたためです。

もちろん、タカは、㋒これを非常に気にかけていやがっていました。

それですから、ヨダカの顔さえ見ると、かたをいからせて、「早く名前をあらためろ、名前をあらためろ。」と言うのでした。

（宮沢賢治「青空文庫」）

(1) ㋐にあてはまる言葉を[　]から選んで書きましょう。

（　　　　）

つまり　ところが　だから　そのうえ

(2) 次の鳥に関係する語句をⒶ～Ⓕから選んで、（　）に記号で答えましょう。

ヨダカ　（　）（　）

カワセミ　（　）（　）

ハチスズメ　（　）（　）

Ⓐ 花のみつ　Ⓑ 羽虫
Ⓒ お魚　Ⓓ 美しい
Ⓔ 鳴き声がするどい
Ⓕ 鳥の中の宝石のよう

(3) ㋑タカという名がついたのは、なぜですか。理由を二つ書きましょう。

① ヨダカの羽が、

（　　　　）

② ヨダカの鳴き声が、

（　　　　）

(4) ㋒これとは、だれが何をいやがっていたという意味ですか。

（　　　　）が、

（　　　　）

をいやがっていた。

くもの糸

名前

月　日

次の『くもの糸』を読んで、後の問いに答えましょう。

（あらすじ）ある日、お釈迦《しゃか》さまは極楽の蓮池《はすいけ》のほとりをさんぽしていた。そのとき、はるか下の地獄《じごく》でカンダタという男がもがいているのが見えた。カンダタは生前たいそうな悪人だった。しかし、かれにもたった一度の良い行いがあった。小さなくもを救ってやったことを思い出したお釈迦さまは、地獄にくもの糸をたらし、助けてやろうとしたのだった。

　ふと気が付きますと、くもの糸の下の方には、数限りもない罪人たちが自分の登った後をつけて、まるでありの行列のようにやはり上へ上へと一心によじ登って来るではありませんか。

　カンダタはこれを見ると、㋐おどろいたのとおそろしいのとで、しばらくはただばかのように大きな口を開いたまま、目ばかり動かしていました。

　自分一人でさえ切れそうなこの細い糸がどうしてあれだけの人数の重みにたえられることができましょう。もし、万一途中《とちゅう》で切れたといたしましたら、せっかくここまで登ってきた、このかんじんな自分までも、元の地獄へ逆落としに落ちてしまわなければなりません。

　そこで、カンダタは大きな声を出して、

「こら、罪人ども。このくもの糸は［㋑］のものだぞ。おまえたちはだれに聞いて登ってきた。降《お》りろ、降りろ。」

とわめきました。

　そのとたんでございます。今まで何ともなかったくもの糸が、急にカンダタがぶらさがっているところから［㋒］と音を立てて㋓切れました。

　カンダタはみるみるうちにやみの底へ真っ逆さまに落ちてしまいました。

（芥川龍之介〔青空文庫〕）

(1) カンダタは㋐おどろいたのとおそろしいのとでとあります。おどろいたこととおそろしいことがそれぞれわかる文をさがして、初めの三字とおわりの三字を書きましょう。

・おどろいたこと　［　　　］～［　　　］。

・おそろしいこと　［　　　］～［　　　］。

(2) ㋑㋒にあてはまる言葉を□から選んで書きましょう。

㋑（　　　）

あなた　おれ　みんな　おしゃかさま

㋒（　　　）

ばっちり　ぷつり　ぽちり　ぴっちり

(3) くもの糸が㋓切れましたとありますが、カンダタがどうしたときのことですか。本文からさがして線を引きましょう。

(4) (3)のあと、カンダタはどうなりましたか。

（　　　　　　　　）

おじいさんのランプ

名前　　　　月　　日

次の『おじいさんのランプ』を読んで、後の問いに答えましょう。

（あらすじ）明治の終わりごろ、田舎《いなか》の村に巳之助《みのすけ》という少年がいた。ある日、たのまれて町に行ったかれが見たのは、あんどんやろうそくにくらべてとても明るいランプだった。その後、ランプ売りとなったが、家を建て、家族もできたかれのところへ、今度は電灯がつくという。彼はそれに強く反対するが結局電灯はついてしまう。「時代の進歩をうらんだり反発したりしてはいけない。」というおじいさんの言葉でしめくくられている。

ランプ売りの巳之助は、ランプのかたをもって、電灯のよいことは認《みと》めなかった。

［㋐］まもなく晩《ばん》になって、とつぜんあま酒屋の店が、真昼のように明るくなった。

巳之助はびっくりした。あまりに明るい［㋑］、巳之助は、思わず後ろをふりむいて見たほどだった。

「巳之助さん、㋒これが電気だよ。」

巳之助は歯を食いしばって、電灯を見つめていた。敵《てき》でもにらんでいるような顔つきであった。あまり見つめていて眼のたまが痛くなったほどだった。

「巳之さん、そういっちゃ何だが、とてもランプで太刀打ちはできないよ。ちょっと外の通りを見てごらんよ。」

巳之助はむっつりと入り口の障子《しょうじ》を開けて、通りをながめた。

どこの家どこの店にも、㋓ここと同じように明るい電灯がともっていた。光は家の中にあまって、道の上までこぼれ出ていた。ランプを見なれていた巳之助には、まぶしすぎるほどの明かりだった。

さかうらみをしたかれは、区長の家にマッチで火をつけようとするが、古いマッチは火がつかなくて、役にたたなかった。このとき、〈古いものは、㋔いざというとき役にたたねえ〉とさとり、家にあるランプをすべてこわしてしまう。それから、町に出たかれは本屋となった。

（新美南吉「青空文庫」）

(1) 巳之助は何を認めなかったのですか。

(2) ㋐㋑にあてはまる言葉を［　］から選んで書きましょう。

［ところが　また　ので　のに　けど］

㋐（　　　）　㋑（　　　）

(3) ㋒これが電気だよと言われて、巳之助はどんな顔をしましたか。

（　　　）

(4) ㋓ここと同じようにとは、どこのことですか。

（　　　）

(5) 電気の明るさのすごさを言い表している文を二つ探《さが》して文中に線を引きましょう。

(6) ㋔いざというときとは、ここではどのことを言っていますか。

（　　　）

文の組み立て①（主語・述語・修飾語）チェック〔P4〕

(1) テッポウウオのエサ取り
(2) テッポウウオ
(3) 口にふくんだ水を飛ばすことを水鉄ぽうに例えている。
(4) ・上あごより少しつき出た下あご
・口先に向かっていくほど細いみぞ
・エラぶたを強くとじる
(5) 体長二十センチメートル
(6) 自ら水面から飛び出して食いつく

文の組み立て①（主語・述語・修飾語）ワーク①〔P5〕

1
① 海中にすむラッコは、陸上にすむイタチの仲間だ。
② ヤドカリの貝がらの上にイソギンチャクがすみついています。
③ この両者は模様がよく似ていてよく見まちがわれる。

2
① ヒョウは、主に樹上で暮らしている。
② ヒョウは暑い日中はほとんど昼ねをしている。
③ チーターの模様は、黒い点々だ。
④ チーターは草原に身をかくす。
⑤ その模様が葉や枝に似ていて体をかくしてくれる。
⑥ 肉食動物の歯は、するどいキバになっている。
⑦ 草食動物のウシの歯の形は、平らだ。
⑧ 草食動物は、食べた草を何回も胃から口にもどしてかむ。

主語は、「～は」「～が」の形が多いよ。
文の中心になる述語は、文末にあることが多いね。

文の組み立て①（主語・述語・修飾語）ワーク②〔P6〕

1
① 弟は　日曜日に　サッカーを　習っている。
② セミが　一本の　柿の木に　とまった。
③ 兄は　筆で　絵を　かきました。

2
① うかんでいた　② ぬった　③ ステーキを

3
①
白い
雲が
空に
うかんでいた。

②
母は
パンに
バターを
ぬった。

文の組み立て①（主語・述語・修飾語）おさらい〔P7〕

(1) 火山大国と呼ばれるほど
(2) 原因（地底にある）マグマだまりでばく発が起こったこと。
もの　大量のガスや水蒸気、大小の岩石
(3) 夕暮れのように暗くなった。
(4) ハンカチで顔をおおうこと
かさをさすこと
(5) 〈例〉・地面に積もった火山灰は風で舞い上がり、洗たく物を外にほすことができなかった。
・日光がさえぎられたことと、土じょうの悪化で作物の育ちが悪くなった。

本文中にある言葉から探しましょう。

文の組み立て②（まとまった修飾語）チェック〔P8〕

(1) より強いこん虫や動物
(2) すむ場所の色
(3) まわりの石や砂によく似た色
(4) 草むらから土の上に移動すると、緑色から土色に変わる。
(5) 木の枝のような姿で、ぴったりと枝にはりつくこと。
(6) まわりにかくれて自分の身を守ること。
え物の目をごまかしてつかまえること。

文の組み立て②（まとまった修飾語）ワーク①〔P9〕

①
空のスピード王であるハヤブサの
オスは、
カラスよりも
小さい。

②
赤ちゃんを育てる
ふくろは、
コアラのおなかに
あります。

文の組み立て②（まとまった修飾語）ワーク②〔P10〕

1
①
茶色いスポンジのような
ものが、
かれたくきに
くっついている。

②
数々の兵士を助けた
ナイチンゲールは
白衣の天使と
呼ばれた。

2
① ゴミのペットボトルから生まれたかけらが、色々な製品の原料になる。
② 貝がらに入っているヤドカリの体は、とてもやわらかい。
③ 空を飛ぶコウモリは、ネコの遠い親せきだ。
④ 船を出してほしいコロンブスは、女王に熱心に説明した。

文の組み立て②（まとまった修飾語）ワーク③〔P11〕

Ⓐ コアラは、はい上がります。
生まれたばかりのコアラは、お母さんのお腹のふくろまではい上がります。
Ⓑ 赤ちゃんは、出します。
赤ちゃんは、少し大きくなると、ふくろから顔を出します。
Ⓒ 赤ちゃんが　おんぶされます。
赤ちゃんが大きくなると　背中におんぶされます。
Ⓓ コアラは　暮らします。
コアラは、ユーカリの木の上で暮らします。
Ⓔ 指が　あります。
赤ちゃんの手や足には、つめのついた五本の指があります。

①述語、②主語、③修飾語の順で探してね。

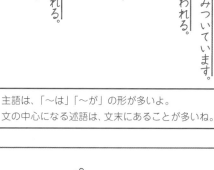

文の組み立て②（まとまった修飾語） おさらい 〔P12〕

(1) フランス国王が楽しんでいたという → 記録も → あります。

(2) 軸に三つの皿がついた形

(3) 競技用のけん玉の開発
ルールの開発

(4) 皿系・止めけん系・飛行機系・もし亀系

(5) 手先や頭を使うから。

(6) けん玉（は）

主・述が複数ある文の組み立て チェック 〔P13〕

(1) 水の少ないかんそうした土地

(2) ラクダは水を飲まずに数日間たえらえる。
だから、「背中のこぶに水をたくわえている」と思っている人が多い。

(3) 日光をさえぎり、体温の上昇を防ぐ働き

(4) ラクダは、一度に水を八十リットル以上も飲むことができ、
この水を血液に閉じこめてたくわえているのだ。

文中の主語と述語をそれぞれ２つ見つけて、２つに分けよう。

(5) 閉じることができる鼻のあな
長くてしっかりしたブラシのようなまつげ

(6) 砂ばくに適応し、たくさんの荷物を運んでくれるから。

主・述が複数ある文の組み立て ワーク① 〔P14〕

① Ⓐ 雨が・降った

② Ⓑ 私が・作った

③ Ⓒ 魚が・にげる

④ Ⓓ 犬が・くわえている

主・述が複数ある文の組み立て ワーク② 〔P15〕

① 琵琶という → 楽器は → ある。
聖武天皇が　建てた → 正倉院に → ある。

② お日様が　しずんだ（← すっかり）のに → 弟は　帰って来ない（← まだ）。

③ くぼみの底にいる → アリジゴクは → まっている。
アリが　落ちてくる　のを → まっている。

④ ニホンザルは → オナガザルだ。
長かった　おが　短くなった → オナガザルだ。

主・述が複数ある文の組み立て おさらい 〔P16〕

(1) 海岸の断がい

(2) かぎ形のくちばし・するどいツメ

(3) ハヤブサの大きさは、カラスよりやや小さいが、
その体の一倍以上もの長さをほこる、先のとがったつばさをもっている。

(4) まず大空高く舞い上がる。
そこからえ物に向けて、つばさを閉じながら真っ逆さまに急降下していく。

(5) ・（体の重さ）
［当たり負けないように体重が重くなっている。］
・（目の下の黒く細い模様）
［海面がまぶしくても、十キロメートル先のえ物を見分けることができる。］

指示語 チェック 〔P17〕

(1) ふつう、植物は光合成をして生きている。
ところが、虫や動物を食べてしまう植物もある。

(2) つぼのような、ラッパのような形

文中から同じ言葉や表現を見つけて、空らんにあてはめてみよう。

(3) ウツボカズラのつるの葉先

(4) 虫の足をすべらせて、ふくろの中に落ちるしくみ。

(5) Ⓒ

(6) 人間の胃ぶくろ

指示語 ワーク① 〔P18〕

① ふくろ　② 液体

③ 背中のこぶ　④ 魚を浅瀬に追いこむ

指示語 ワーク② 〔P19〕

1
(1) インド

(2) いくらでもある牛フン

2
(1) 肉食動物と草食動物

(2) 二種類の動物の体のつくりの中

(3) 肉食動物と草食動物の、目のつき方のちがい。

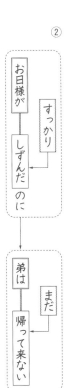

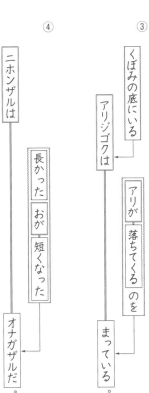

指示語　おさらい　〔P20〕

(1) 何の日　節分
どんな日　季節を分ける日
(2) その昔、京の都に鬼が出たようです。そこで、神様のおつげの通り、「鬼の目に豆を投げつけると鬼がにげだした」というのです。
(3) 鬼のような悪いものを家の中から追い出して、新しい年をむかえるため。
(4) イワシの頭をひいらぎの枝にさして家の門などにかざる風習
(5) 節分イワシ
(6) 鬼の弱点は目で共通していた。

接続語　チェック　〔P21〕

(1) エビ
(2) 体全体がとてもやわらかく、かたいこうらも武器もないから。
(3) けれど
(4) エ　そして　オ　しかし
(5) 貝がらを見つけてはハサミを使って、大きさを調べる。
汚れたものは中のそうじもします。
(6) 強いヤドカリがやってきて、追い出されてしまったから。

理由をたずねられているときは、「〜から。」と答えてね。

接続語　ワーク①　〔P22〕

① 雨が降った。だから、水泳は中止だ。
② お腹が空いた。しかし、水しかない。
③ ステーキを食べたい。それに、ケーキも食べたい。
④ ごはんを食べた。では、そろそろ勉強しようか。
⑤ 高い山を登った。すると、ながめは最高だった。
⑥ けがをした。そのうえ、かぜまでひいてしまった。
⑦ 必死に練習した。けれども、合格しなかった。
⑧ サケの身は赤いです。なぜなら、エビやカニの子を食べるからです。

前と後の文をよく見て、一番つながりのよくなる接続詞を選んでね。

接続語　ワーク②　〔P23〕

① そのうえ
② このように
③ また
④ つまり

接続語　ワーク③　〔P24〕

1
① 毎日練習をしたので、大会で優勝できた。
② あまいものも、からいものも好きだ。
③ ダチョウは羽があるが、飛ぶことはできない。
④ 野菜の値段が上がったけれど、毎日買っています。

2
① 昼食にうどんも食べるし、パンも食べる。　（そのうえ）
② 足が速いけど、バトンパスはいまいちだ。　（けれど）
③ 宿題をしてから、テレビを見た。　（それから）
④ 図書館へ行ってみると、休みだった。　（すると）

接続語　おさらい　〔P25〕

(1) 白色
(2) Ⓐ ところが　Ⓑ つまり
(3) 産卵のためにもどってくる。
(4) 大変な体力を使うため
(5) タンパク質・アスタキサンチン
(6) 〈例〉親のサケが赤い色素をもつアスタキサンチンをふくむエビやカニの子どもを食べるから、その卵も赤くなる。

文末表現　チェック　〔P26〕

(1) ①
(2) 人に何かをたのむときの言葉
(3) 人に命令するときの言葉
(4) ①
(5) 〈例〉カキの実をだれかにとられないように見張っていること。
(6) （カキの実）（見ていてくれ）

同じ「そうだ」でも、意味が違うことがあるよ。
ここでは、「予想」の意味で使われているよ。

文末表現　ワーク①　〔P27〕

1　① イ　② イ
2　① ア2　イ3　ウ1　② ア3　イ1　ウ2
3　① イ　② カ　③ ウ　④ ア　⑤ ウ　⑥ エ　⑦ ア　⑧ オ　⑨ カ　⑩ イ

文末表現　ワーク②　〔P28〕

① 地球の温暖化が進む。
② にちがいない
③ 都会にダイニングキッチンが登場した理由
④ Ⓑ ア　Ⓒ イ

文末表現　おさらい　〔P29〕

(1) 約五百万トンの生ゴミ

(2) (たくさんの) 労力・(たくさんの) 燃料・(たくさんの) 税金

(3) 地球温暖化の原因となる二酸化炭素

(4) そこで

(5) まず、台所の三角コーナーなどにたまる生ゴミをなるべく「ぬらさない」ようにします。それから、ぬれてしまったものはできるだけ、「水分をしぼり」ます。さらに、それを「日干しする」と申し分ないでしょう。

(6) ③

段落の要約　チェック　〔P30〕

(1) 海岸で動いている貝は、貝がらを背負ったヤドカリです。

(2) ヤドカリは体がやわらかいので、かたい貝がらに閉じこもって身を守ります。

(3) イソギンチャクは、自分で動くことができないのでヤドカリの貝に乗せてもらって移動します。

(4) タコ

(5) 身を守ってもらうため。

(6) 共生という助け合いの関係

段落の要約　ワーク①　〔P31〕

Ⓐ 〈本文〉ものが・干し柿である。

柿を冬の保存食として、昔の人が工夫したものが干し柿である。

Ⓑ 〈本文〉柿は・健康食品となる。

柿は栄養をバランスよくふくんでいるが、干すことによって、よりよい健康食品となる。

Ⓒ 〈本文〉昔の人は・発見をしてきたのだ。

昔の人は、どうすればあま味や栄養が増すかや、保存食とできるかを発見してきたのだ。

段落の要約　ワーク②　〔P32〕

① 〈本文〉日光と水、空気が・必要です。　日光です。

植物は、日光と水、空気で栄養を作るが、周囲の植物たちと取りあっているのが日光。

② 〈本文〉植物たちは、・のばします。

植物は、他の植物と並ぶと、より自分が高くなろうと背をのばす。

③ 〈本文〉ヒマワリも・高くします。　葉が・広げている。

ヒマワリも日光をえるために背を高くして、葉にあたる日光の面積を増やすため、葉が重ならないように外に広げている。

④ 〈本文〉アサガオは、・とります。

つるのあるアサガオは、周囲の植物に巻きついて、その植物の上に自分の葉を広げて、日光をとる。

⑤ 〈本文〉植物は・成長しているのです。

植物は、たくさん日光を浴びるために進化し、成長している。

段落の要約　おさらい　〔P33〕

(1) 積乱雲

(2) ① まず、水蒸気をたくさんふくんだ空気が温められて軽くなり、空高くふき上げられます。

② すると、その中の水蒸気は上空で冷やされて多くの水のつぶになります。

③ それが雨となって降り出します。

(3) 水のつぶは氷のつぶとなり、そのまま地上まで落ちてくるとヒョウと呼ばれます。

(4) 雲の中にたまった静電気

(5) 空気中から地上に向かって、何万ボルトという電気が流れること。

文章の構成　チェック　〔P34〕

(1) 省略

(2) メッシ選手が　選ばれました。

(3) 基本的技術が　人並み外れて　レベルが高い所。

(4) メッシ選手は　それを、バランスや　判断する力によって　補っているのです。

(5) 日本の選手も　メッシ選手のように活やくする　チャンスがある。

文章の構成　ワーク①　〔P35〕

(1) 1 かれたくきに茶色い物がくっついている。

(2) 2 あわの固まりにはカマキリの卵が入っている。

〈例〉かれたくきにくっついている茶色い物はカマキリの卵だ。

(3) 3 卵を一つぶずつ産みつけていると食べられてしまう。

4 あわで卵を敵から守っているのだ。

5 このあわの固まりは、寒さからも守ってくれる。

(4) 〈例〉あわの固まりは、卵を敵から守り、寒さからも守ってくれる。

(5) 6 春には、幼虫がぞろぞろと出てくる。

要約は、重要な言葉を見つけて、あてはめてね。
ここでは、「カマキリ」「卵」「茶色い物」だね。

文章の構成　ワーク②　〔P36〕

(1) 〈例〉① インドの牛フン　② バイオガスで走るバス
③ 牛フンから作ったバイオガス　④ ガソリンバスより走る
⑤ 安さが話題の牛フンバス　⑥ エコを進める牛フンバス

(2) はじめ　①　なか　②③④⑤　おわり　⑥

(3) がんばれ、牛ノンバス

文章の構成　おさらい　〔P37〕

(1)
・地球全体の人口の増加
・温暖化による海面上昇での陸地の減少
・温暖化による農地の砂ばく化

(2)
・ヨーロッパの遺跡からは、ミツバチのミツを採集する絵が発見されている。
・アジアやアフリカでは、こん虫が食料とされている。
・日本の地方には、こん虫を食べる習慣が残っている。

(3)
・すぐれた栄養源だから。
・味がエビやカニにもおとらないから。
・いつも人間の近くにあるから。

(4)〈例〉人類の食料不足を解決する望みは、こん虫食にある。

スノーモンキー　〔P38〕

(1)東北地方にすむニホンザル

(2)
・（雪にとりかこまれた）温泉につかっているところ
・たき火にあたっているところ

(3)オナガザル

(4)寒さで体温がうばわれないようにするため。

(5)草の根や木の皮

(6)
・指先が発達しているところ。
・指もんや手相があるところ。
・両目が顔の前にあるところ。
・食べる工夫があるところ。

「どんなところですか」とたずねられているので、「～いるところ。」と答えよう。

ふくろのある動物　カンガルー　〔P39〕

(1)
・しっぽを支えに二本足で立つ。
・お腹のふくろから赤んぼうが顔を出す。

(2)「知らない」という意味の現地の言葉

(3)イギリス人たち

(4)有袋（たい）動物

(5)アフリカやオーストラリアなどの大陸やその周辺の島々が一続きだった大陸

(6)大陸移動でゴンドワナ大陸が分かれ、オーストラリア大陸以外では、ふくろのないほ乳動物が登場し、有袋動物は姿を見せなくなってしまったから。

切りさく歯、すりつぶす歯　〔P40〕

(1)Ⓐ　肉食動物　Ⓑ　草食動物

(2)歯

(3)
・えものにかみつくための大きな前歯
・えものの肉を切りさく奥歯

(4)草などを時間をかけてすりつぶす働き

(5)胃ぶくろ

(6)胃ぶくろから口の中に何度ももどして、じっくりかむこと。

カラスの知恵　〔P41〕

(1)
・エサを探すこと
・身を守ること
・強敵であるトビも数羽で追いはらえること。

(2)里山よ～ようだ。

(3)水道のじゃ口を回して水を飲む様子

(4)
・うまくいったことを学習する能力
・（学習したことを）仲間に伝える能力

(5)さらに

(6)カラスの知恵がわかる発見があるかもしれない。

異常台風の原因は？　〔P42〕

(1)大型化し、予測できない進路をたどる台風

(2)地球の自転のえいきょう。

(3)風速十七メートルまで発達したとき

(4)
Ⓐ　なぜ異常な台風が増えたのだろう。
Ⓑ　台風が発生するしくみ
Ⓒ　これまでの台風
Ⓓ　異常な台風による、災害に対して十分な注意と備えが必要である。

（4）は、段落の内容を読み取って、それぞれポイントになる言葉をさがしてね。
全体を通してよく出てくる言葉をさがそう。

熱中しょうの原因と予防　〔P43〕

(1)空気中に大量の二酸化炭素を放出したこと。

(2)㋑　まず　㋓　そのため

(3)ヒートアイランド現象と、エアコンからの放熱が増えたから。

(4)全身の皮ふから大量のあせを出すこと。

(5)急な気温の上昇・変化に体温の調節が追いつかないときになる。

(6)すぐに水分をとること。
首元などを冷やすこと。

自然エネルギー「地熱発電」　〔P44〕

(1)二酸化炭素の排出量を減らし、平均気温の上昇をおさえよう。

(2)石炭・石油火力発電から、自然エネルギー発電に変える。

(3)マグマの熱エネルギー

(4)熱水が出る地層に井戸をほり、水蒸気を取り出す方法。
すでにある温泉用の井戸を利用して水蒸気を取り出す方法。

(5)年中、昼夜関係なく、発電できるところ。

(6)適した場所が国立公園などで調査・建設に費用と時間がかかること。

秋の味覚の危機！〔P45〕

(1) 日本近海からアメリカやメキシコの沿岸
(2) 産卵のため
(3) 産卵のために南下してくる場所が東にずれたから。
(4) ・回遊コースの変化
・関係国の乱獲で資源量そのものの減少
(5) Ⓐ だが Ⓑ そこで
(6) このままでは市民の口からサンマが遠のくばかりでなく、沿岸漁業者の生活もあやうくなるから。

プラスチックのリサイクル〔P46〕

(1) 石油から作られるプラスチックの一種
(2) 使えるものと、使えないものにより分ける。
(3) 海にすむ生物がプラスチックごみを食べて死んでしまうこと。
(4) プラスチックを環境悪化のごみとするか、リサイクルを考えた資源ごみとするか。
(5) フレークやペレットと呼ばれる小さなかけら
(6) シャツやカーペットなどの生活用品
(7) Ⓑ→Ⓐ→Ⓓ→Ⓒ

日本の誇れる「ウナギの完全養しょく」〔P47〕

(1) 世界初の「完全養しょくウナギの誕生」
(2) ① 南方のフィリピン沖
② ごく小さな葉っぱのような形
(3) 栄養たっぷりのエサで育てるところ。
(4) ・親ウナギに産卵させること。
・赤ちゃんウナギにかえして育てること。
・シラスウナギを養しょく池で育てること。
(5) 一ぴきの値段が安くなるのにまだ時間がかかりそうだから。

変化するイヌの役割〔P48〕

(1) 狩りと採集中心の生活
(2) ヒツジやウシの世話をするイヌ
(3) においをかぎつける能力があるイヌ
(4) ・交差点の信号を見分ける能力
・たくさんの言葉を理解する能力
(5) 家族
(6) ③

（2）（3）はイヌについてたずねられていて、
（4）はイヌの能力についてたずねられているね。

二分間スピーチ「私の中の縄文人」〔P49〕

(1) 自然をよく理解して、食料カレンダーを作っていたから。
(2) 道具を作ることで、生活改善もしていました。
(3) ・保存食として、粉状にしていた。
・種を作り、育てようとしていた。
(4) より定住に近い安定した暮らし
(5) 〈例〉Ⓐ 食料カレンダーを作っていた縄文人
Ⓑ 道具を作って生活改善
Ⓒ 保存食と種作り
Ⓓ 定住に近い安定した暮らし
(6) 古い知識だけでなく、新しい知識を得ることが大切

思いをつなぐ「シグナル」グッズ〔P50〕

(1) 人々に助け合いをすすめるアナウンス
(2) つえや車いすの使用者・高れい者
(3) ヘルプマーク・マタニティマーク
(4) しかし
(5) シグナルグッズの取り組み
(6) グッズがなくとも、自然に助け合いが進むこと。

近江の牛を焼いてみれば、文明開化の音がする〔P51〕

(1) 肉食禁止令
(2) （譜代大名で）武具用の牛革の製造を任されていたから。
(3) 肉のみそづけや干し肉
(4) 明治時代の文明開化で、西洋の食生活を見聞きした福沢諭吉などが、すき焼きなどでの肉食を広めました。
(5) ・近江米のおいしい稲わら
・鈴鹿山脈からのおいしい水
・十分なすいみん
(6) 三大和牛

海水で分解される「新プラスチック」〔P52〕

(1) 人間の捨てたプラスチックごみによって、多くの海洋生物の生命がおびやかされていること。
(2) 日光の熱や紫外線を長時間受けてようやく細かなつぶ（マイクロプラスチック）に変化する
(3) ・プラスチック容器のリサイクル・リユース方法。
・製品数の制限・さく減
(4) ・レジぶくろの有料化
・ストローの紙製品化
(5) 海水で分解される「新プラスチック」
(6) ・キャッサバイモのデンプン
・紙の原料のセルロース
(7) 実用化されれば、環境破壊を止める一つの助けになるから。

義経伝説〔P53〕

(1) 五条大橋の勝負
(2) 源氏が平氏をたおすための戦い
(3) （現在の）兵庫県の神戸の辺りまで追いかけて行った。
(4) 平氏軍の後ろの山上
(5) 「がけを鹿が通るなら、馬も通る」
(6) 重いよろいかぶとを身につけた義経が、八そうの舟をとんで戦った。

風雲児「織田信長」〔P54〕

(1) 全国の大名が天下統一を目指した時代
(2) ・信用できる家来を見つけるため。
・敵に自分をあまく見せるため。
(3) 鉄砲（隊）
(4) ・税を取る関所をなくし、商人が自由に行き来できるようにした。
・税を取らずにだれでも自由に商いができる楽市楽座をつくった。
(5) 鉄砲を造る職人
(6) 茶の湯や能を広め、キリスト教も認めた。
(7) 明智光秀

準備が勝敗を分けた、長篠の戦い〔P55〕

(1) 足利将軍が武田家をたより、勝頼が父のためにも決めた。
(2) 徳川家
(3) ・騎馬隊を足止めする防馬さく
・三千丁の鉄砲を使った新戦術
(4) 朝もやが消えはじめるころ。
(5) しかし
(6) 横三列になって前列がうつと後列に下がり、中列・後列はたまをこめながら前列へ進む戦術
(7) 天下無敵という名声

「日本初の測量地図」伊能忠敬〔P56〕

(1) 江戸時代に、初めて正式に測量した日本地図を作った人
(2) 自分より三十歳も若い天文学者に弟子入りした。
(3) 方位磁石で方角を確かめ、次々と打ち並べたくいからくいまでの間のきょりを歩数で測る
(4) 北海道
(5) どこ　伊豆半島から東日本の海岸部
工夫　一・八メートルの印をつけた縄を使った
(6) 約四万キロメートル
(7) いつ　一八一八年
だれ　伊能忠敬の弟子たち

明治の文豪「夏目漱石」〔P57〕

(1) 江戸から東京へと呼び名が変わる時代
(2) 熊本県の第五高等学校
(3) 始めて書いた小説
(4) ・苦沙弥
・迷亭
・寒月
・東風
(5) 坊ちゃん
(6) 遠りょなく笑い飛ばすよう

聞きなれない呼ばれ方をしているので、文をよく見て、その流れの中から探し出そう。

コロンブス「地球は丸い」〔P58〕

(1) 黄金の国（日本）に行ってみたかったから。
(2) アフリカ大陸の南
(3) だが
(4) だれ　国王や女王
説明　「西まわりの方がアジアに近い。」
(5) 前文　意気ようようと
後文　不安が高まった
(6) 海面にうかぶ木切れ
(7) （一四九二年八月）～（一四九三年三月）

「白衣の天使」ナイチンゲール〔P59〕

(1) 戦地の病院
(2) 次々と運びこまれる病人やけが人が、ベッドがたりずに、そのあたりの床に続々ところがされていくのです。
(3) 昼も夜もなく、看護し続けていた。
(4) ・台所にねずみが走り回っている。
・トイレなども汚れたまま。
(5) ・病院をきれいにした
・栄養のある食事をあたえるようにした。
(6) 数々の兵士を助けたから。

「発明王」エジソン〔P60〕

(1) 〈例〉大変な知りたがり屋で、親や教師に質問をくり返す子ども
(2) （電信技士の）仕事にたいくつしたから。
(3) ちく音機
(4) 人々の役に立つものを
(5) 確かな電灯づくり
(6) ひらめきだけではなしえない、大変な努力があったから。

「弾ける楽器」として遺すこと〔P61〕

(1) 楽器

(2) だ円形をしていて、果物の琵琶に似ている形

(3) 一本たりとも、同じものが存在しないから。

(4) かれは、元～だそうです。

(5) ・部品が複雑なこと。
・古い琵琶には古い木材を使うこと。

(6) 琵琶の制作・修復技術を伝えていくための「琵琶館」建設を計画しています。制作のみならず、演奏や歴史についても学べる場にするそうです。

ヨダカの星〔P62〕

(1) ところが

(2) ヨダカ　Ⓑ・Ⓔ
カワセミ　Ⓒ・Ⓓ
ハチスズメ　Ⓐ・Ⓕ

(3) ① ヨダカの羽が、むやみに強くて、風を切ってかけるときなどは、まるでタカのように見えたこと。
② ヨダカの鳴き声が、するどくて、やはりどこかタカに似ていたため。

(4) タカが、ヨダカにタカという名がついていることをいやがっていた。

くもの糸〔P63〕

(1) ・おどろいたこと
くもの～せんか。
・おそろしいこと
自分一～ません。

(2) ㋑ おれ　㋒ ぷつり

(3) そこで。カンダタは（中略）とわめきました。

(4) みるみるうちに、やみの底へ真っ逆さまに落ちてしまった。

おじいさんのランプ〔P64〕

(1) 電灯のよいこと

(2) ㋐ ところが　㋑ ので

(3) 敵でもにらんでいるような顔つき

(4) あま酒屋

(5) あま酒屋の店が、真昼のように明るくなった。
光は家の中にあまって、道の上までこぼれ出ていた。

(6) 区長の家にマッチで火をつけようとするが、古いマッチは火がつかなくて、役に立たなかったとき。

読解習熟プリント 小学6年生 **大判サイズ**

2021年4月20日　第1刷発行
2023年5月20日　第2刷発行

著　者　宮崎　彰嗣
発行者　面屋　洋
企　画　フォーラム・A
発行所　清 風 堂 書 店
〒530-0057　大阪市北区曽根崎2-11-16
TEL 06-6316-1460／FAX 06-6365-5607
振 替　00920-6-119910

制作編集担当　田邉光喜
表紙デザイン　ウエナカデザイン事務所